读史札记 壹

张延庆／著

齊魯書社
·济南·

图书在版编目（CIP）数据

读史札记 / 张延庆著. -- 济南：齐鲁书社，2023.1（2024.4 重印）
ISBN 978-7-5333-4655-3

Ⅰ. ①读… Ⅱ. ①张… Ⅲ. ①史学－文集 Ⅳ. ①K0-53

中国版本图书馆 CIP 数据核字(2022) 第245750号

责任编辑：李军宏　井普椿
装帧设计：赵萌萌

读史札记（壹）
DUSHI ZHAJI YI

张延庆　著

主管单位	山东出版传媒股份有限公司
出版发行	齊魯書社
社　　址	济南市市中区舜耕路 517 号
邮　　编	250003
网　　址	www.qlss.com.cn
电子邮箱	qilupress@126.com
营销中心	（0531）82098521　82098519　82098517
印　　刷	山东临沂新华印刷物流集团有限责任公司
开　　本	880mm × 1230mm　1/32
印　　张	8.875
插　　页	2
字　　数	200千
版　　次	2023年1月第1版
印　　次	2024年4月第3次印刷
标准书号	ISBN 978-7-5333-4655-3
定　　价	38.00元

序 言

延庆先生大作问世，余得朋友之便，先睹为快，深感这是一部值得一读的好书。

其一，可信。作者虽以新闻为职业，但本书撰写过程中所依据之资料，其丰富性与严谨性丝毫不逊色于专业史家。据笔者观察，本书篇幅不长，但所引用文献上迄《战国策》《尚书》《左传》《论语》等先秦经典，中间涵括了“二十四史”，下及梁启超、朱东润、邵东方等近现代著名学者的作品，绝大部分是“正史”资料。显然，这与时下流行的“戏说历史”之类作品是截然不同的，它是一部严肃的历史著作。

其二，可读。在体例设计上，本书可谓别开生面。全书近六十个篇章，但每篇不过一二千字，短小精悍，简明扼要。尤其是标题设计，或借用古语为题，如明慎、仁恕、正心等，或自行凝练为题，如申孝、统心、猎妒等，均是两字排比，言简意赅，气势强劲，情感浓郁，颇有古风。在内容表述上，全书富有故事性。作者娴熟于史料的运用，每篇都由若干个经典历史故事组成，信手拈来，情节生动，语言丰富，人物个性鲜明，有天然玉成之感。因此，与专业学术著作相比，它更适宜于普通读者。

其三，可敬。作者指出，“历史是最好的教科书，也是人生的指南针”。该书以此为指导，把发掘优秀传统文化、弘扬正能量贯穿始终，以史论道，或为劝世、警世之言，如其《褒忠》篇中的“人立天地间，忠接天地事，可畅意，可消沉，可哀怨，惟逆不可构也”，其《申孝》篇中的“负重前行的历史，忠、孝是它的两个轮子”，其《讲信》篇中的“信起始于生存，生存有赖于信”，其《尚清》篇中的“清之境界极高，非下大功夫，难以致远”，其《扬直》篇中的“直者一也，非直无以表仁，非仁无以行直”，其《旌节》篇中的“小节照人事，大节照国事”“无论如何，人都得把名节捧在手心里，大意不得”，其《重祀》篇中的“因为祭祀，能加重记忆，能加强认同，也能促成信仰”，其《明慎》篇中的“明而察，则视野通透；审而慎，则决断不谬”，其《夺人》篇中的“生而夺人，乃自然之理；人夺而生，有亏天道耳”，其《乖张》篇中的“乖张之势成，速祸之路亦成”，其《正心》篇中的“亲情可以断，友情可以断，惟有家国不可断”；或富有思辨色彩，启人深省，如其《辨勇》篇中的“勇有真假之分，有文武之别，亦有恶勇之谓”，其《变诈》篇中的“变诈是智也是伪，是巧也是拙”，其《违忤》篇中的“在并不太平的历史长河中，违忤是一种难能可贵的品质”；或为情感宣泄，颇有振聋发聩之感，如其《德淑》中的“女性之德淑如星光闪烁，照亮历史，也温暖人心”，其《特立》篇中的“世上总有特立独行之人，他们的身影总能成为风景，让人赏、让人赞，或让人非议、让人诋毁。但可断言的是，如若没有这些人，世上定是多了遗憾，少了光泽”，其《凌厉》篇中的“铮铮之声，铮铮之骨，铮铮之节，铮铮之人。铮铮如此，亦复何求？”其《不忍》篇所言“世上唯一不需努力就可以得到的是时光，世上唯一无论怎样努力也换不回的还是时光，时光里含着生老病死，也含着无尽的不忍和不舍”。诸如此类，尽显作者之家国情怀；微言大义，足可为当下世人之行为规范，值得细细品读。

要言之，该书积作者二十年读史之功，文风精要，不落俗套。余接踵于后，亦不敢浪费笔墨，谨概要如上，盼以此与作者和读者交流，错谬之处，祈批评指正。

是为序，并向延庆先生表示特别的敬意与热烈的祝贺。

赵兴胜

2022 年初冬于山东大学图书馆

自　序

漫长时光里，我迎来漫长的历史。二十年读史，我收获了一册“札记”。

我是从读《左传》开始的。最初读的，是李梦生的《左传译注》。二十年前，在一个阴雨天气，我来到书店，直接走向了古籍书。郑伯克段于鄢，是我知道的第一个《左传》故事，也是《左传》开篇的故事。这之后怎么了？春秋何以转向了战国？鲁国齐国是怎样亡的？韩赵魏何以能够分晋？楚国北进，又何以退回了江南？随着阅读的推进，我发现《左传》人物对话极富预测性，叙事中纵横捭阖，感动人心的细节随处可见。

《左传》之后是《史记》。这期间，我明白了二者之间的传承。随之而来的是前四史的另三部，以及《汉书》《后汉书》的简写本《前汉纪》《后汉纪》。之后《元史》来了，《宋史》来了，《晋书》来了，《明史》来了，《旧唐书》《新唐书》也来了。

我偏爱动荡年代的历史。南北朝的断代史、五代时期的小朝廷，走马灯般朝代和君主的变换中，人之恶被还原，人之善被放大。大忠、大奸、大公、大私、大孝、大恶、大逆、大仁、大义、大智、大勇、大美、大丑、大象、大隐、大道、大音……都蕴涵极致——或极尽褒扬，或极尽贬损，细读、细品、细鉴，意味无穷。

这种刺激，让我久久不能平静，也令我思绪万千。

为了深入古人的世界，我买来百万字的《春秋左传注》。这部杨伯峻先生的注本，我看得很细，摘抄了十几万字。还有杜预的《春秋经传集解》，拿到书时，我如获至宝。杜预马上平东吴，马下又将学问做得宏阔且细致，令人深为感佩。这些注本为我答疑解惑，使我更加了解《左传》中形形色色的人与事，这也是我在这册书中，较多引用《左传》故事的原因。

历史纷繁多绪，创造历史的人亦具有多面性。在这册书中，我想讨论的问题很多，比如：祖冲之是数学家，何以留下了研究《易》的文章？皇甫谧是针灸之父，何以文史兼长，美文传世？陈东是一介书生，何以伏阙上书？宇文护、尔朱荣建有不世之功，何以最终走向善的对立面？

在日日夜夜的阅读中、日日夜夜的摘抄中，我磕磕绊绊的思绪渐次舒展开来。

读了二十年，写了十个月，改了十五天。我相信，呼之而出的，不只是内容，还有别样的形式。在忍得住的地方，我尽力用了文言，在忍不住的地方，就不得不用白话，但这影响不了舒展。

历史向我走来，我走向历史，宏大淹没了局限，敬畏照亮了幽暗。历史是有乐感的，即使沉沦，即使悲怆，即使激愤，但主旋律的悠扬，终把我带进希望。

张延庆

目　录

褒 忠

史有不忠，不忠何谓？

远古、中古，亦或近古，那时的人，再能折腾，也还在忠的掌控。忠君之下，乱臣贼子无一不称奸猾巨盗，亦或跳梁小丑般被憎被笑。

五代时期，只有五十多年，薛居正修史之后，欧阳修又去重修，后人谓之《新五代史》。为明忠奸不可并立，他单列《死节传》《死事传》和《一行传》，三卷合计，有十九人。五代十国，呈现更多的，是风雨如晦的阴暗，和风雨飘摇的动荡。但读欧阳史，毫无奸猾满纸的感觉。这体现的，是“尊王”“尊统”的史观。

冯道历四朝事十君，有人誉之“十朝元老”，薛居正这样看他：“夫一女二夫，人之不幸，况于再三者哉！”① 欧阳修则直接

① 薛居正等：《旧五代史》卷一百二十六《冯道传》。

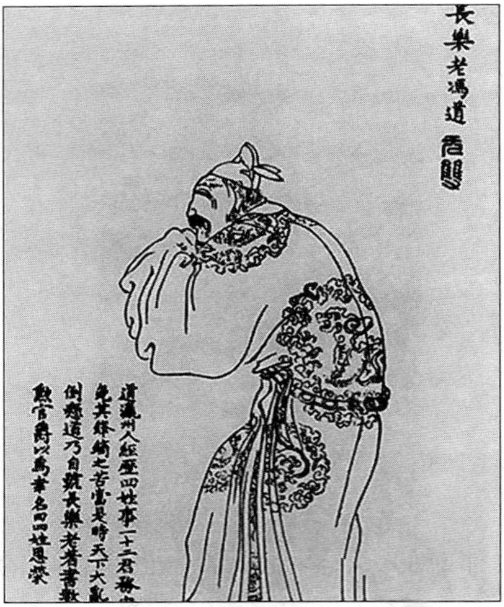

冯道像

称“其可谓无廉耻者矣”①。

至大欧阳！伟哉欧阳！

如无朗朗态度，纷繁芜杂之下，秉笔直书，也如大水飞流，倾盆而下，无头无绪得很。历史混沌处，如何才可靠？大真实值得珍视，褒贬抑扬，都在“大”中灼灼其华！

史有忠者，忠者何谓？

北宋末年的张叔夜，在《宋史》里面，留有千字，可谓重矣。金人入汴，胁而北行。他道不食粟，“唯时饮汤”。当“过界河矣”的声音传过来，他“矍然起，仰天大呼，遂不复语”，第二天竟死掉了。② 读之思之，感慨其乱世大忠的风骨。这又是在体现“君臣大义”。

风雨飘摇，有时起于承平日久。万历皇帝执政四十多年后，明王朝已进入多事之秋。四路之师皆败于后金之时，杨鹤上书举荐熊廷弼等，其中有云：

---

① 欧阳修：《新五代史》卷五十四《杂传·冯道》。

② 脱脱等：《宋史》卷三百五十三《张叔夜传》。

> 辽事之失，不料彼己，丧师辱国，误在经略；不谙机宜，马上催战，误在辅臣；调度不闻，束手无策，误在枢部。至尊优柔不断，又至尊自误。

日后外患未除，内忧四起。崇祯元年，杨鹤再次上书，其中有云：

> 图治之要，在培元气。自大兵大役，加派频仍，公私交罄，小民之元气伤。自辽左、黔、蜀丧师失律，暴骨成丘，封疆之元气伤。自搢绅构党，彼此相倾，逆奄乘之，诛锄善类，士大夫之元气伤。譬如重病初起，百脉未调，风邪易入，道在培养。

大厦将倾之际，杨鹤是主抚的。在被任命为兵部右侍郎，总督陕西三边军务之际，崇祯问之以方略，他的回答竟是："清慎自持，抚恤将卒而已。"①

《明史》说他虽有清望但不知兵，这也正是其虽有忠心，也会误国的地方。但恰恰是这样一个人物，五百年后，我们才要听听他的言论！

同样的风雨飘摇，有时又起于江山草创。白居易写出"周公恐惧流言日"的诗句时，有意无意忽略了一个事实：周公确实践

---

①　张廷玉等：《明史》卷二百六十《杨鹤传》。

祚过！《礼记·明堂位》记载："武王崩，成王幼弱，周公践天子之位，以治天下。"晋武帝时，在魏襄王墓出土了《竹书纪年》，此书"今本"的成王年谱说："成王，名诵。"在同一位置，其"古本"则写道："周公践祚，名旦。"且这一践祚，就是七年！

白居易诗中又写，"一生真伪复谁知"。这怎是一个"真伪"那样简单？

但是这些，非但影响不了周公，还把一个风雨飘摇的新政权的主心骨，描画得更加可信可敬。周公还政的那一刻，其耿耿忠心，可与日月同辉！

人立天地间，忠接天地事，可畅意，可消沉，可哀怨，惟逆不可构也。

申 孝

史书涉孝颇多，皇帝谥号多有一个“孝”字，因为古人讲究以孝治天下。同样，凡写臣子，无论尊卑，无论轻重，与孝沾边，皆写其孝。

一部《晋书》，洋洋一百八十万字，在体现两晋特质方面，确也无可挑剔，无可替代。

什么特质？一个“清”字可也。一百三十卷《晋书》，卷三十一到四十五，“清”字词语频见：

“清贵”“清重”“清达”“清远”“清俭”“清慎”“清通”“清规”“清畅”“清允”“清简”“清议”“清选”“清亮”“清和”“清泰”“清穆”“清高”“清惠”“清素”“清言”“清妙”“清明”“清赏”“清淳”“清出”“清静”“清虚”“清正”“清节”“清敏”“清贞”“清平”“清实”“清肃”“清干”“清厉”“清直”“清忠”……

“清”连“俭”连“廉”，“俭”“廉”连“孝”。何以如此？为官不廉，做事不俭，父母耻也。父母耻之，即为不孝。且此不孝，乃大不孝。与贫穷、疾病相比，父母看重的，恰是脸面。非廉非俭，致出凶险，脸面也就没了。没了脸面，其他还有用吗？此不孝盖过天。

王祥卧冰求鲤，二十四孝中，最为动人。其汉末为官，讨破盗寇，州界为之“清静”。其晋武帝时致仕，诏书称其“高洁清

王祥卧冰求鲤图

素，家无宅宇”。及其卒也，其族孙叹曰“可谓清达”“理致清远”。他的临终遗言有：“扬名显亲，孝之至也。”① 其清其廉其孝，距离其实很近。

孝于治国，至大至重，历代帝王，无不考究。唐穆宗对话薛放，问答之中，可感知其大。

> 帝尝问：“朕欲学经与史，何先？”放曰：“六经者，圣人之言，孔子所发明，天人之极也。《史记》道成败得失，亦足以鉴，然谬于是非，非六经比。”帝曰：“吾闻学者白首不能通一经，安得其要乎？”对曰：“《论语》，六经之菁华也；《孝经》，人伦之本也。汉时《论语》首立于学官。光武令虎贲士皆习《孝经》，玄宗为注训，盖人知孝慈，则气感和乐也。”帝曰：“圣人以孝为至德要道，信然。”②

孝于人臣，至大至重，关涉之深，非今人可以想象。郑译“赃货狼籍”，“与母别居”，为宪司所劾除名。但是，郑译时为沛国公、上柱国，可“恕以十死”，那该怎么办呢？《隋书·郑译传》云：

> （隋文帝）下诏曰：“译嘉谋良策，寂尔无闻，鬻狱卖官，

① 房玄龄等：《晋书》卷三十三《王祥传》。

② 欧阳修、宋祁：《新唐书》卷一百六十四《薛放传》。

沸腾盈耳。若留之于世，在人为不道之臣，戮之于朝，入地为不孝之鬼。有累幽显，无以置之，宜赐以《孝经》，令其熟读。”

“（宇文）护性至孝，得书，悲不自胜，左右莫能仰视。”① 这是《周书》所记，宇文护得到滞留北齐的母亲写给他的信后的第一反应。他给母亲的回信，也足以令人感慨：“而子为公侯，母为俘隶②，热不见母热，寒不见母寒，衣不知有无，食不知饥饱，泯如天地之外，无由暂闻。昼夜悲号，继之以血，分怀冤酷，终此一生，死若有知，冀奉见于泉下尔。”几番努力，母亲终于回家。为尽孝心，宇文护“凡所资奉，穷极华盛”③。

这样一位孝子，却被堂弟北周武帝乱刀击杀。究其原因，周武先后有两位皇帝哥哥为宇文护所弑，周武即位，仍然被架空，这才对宇文护痛下杀手。

由此可见，忠孝相联，不忠之孝，亦为大不孝。《周书》论其“暗于大体”，谥之以“荡”④，即为明证。

孝之为孝，生前可以尽顺其意，死后可以哀毁骨立。一部《孝经》，道尽其中的纷繁复杂。但竟有以命应孝者，确也令人

---

① 令狐德棻等：《周书》卷十一《宇文护传》。

② 俘隶：被俘而为奴隶者。

③ 令狐德棻等：《周书》卷十一《宇文护传》。

④ 令狐德棻等：《周书》卷十一《宇文护传》。

扼腕。

《左传 · 僖公四年》记载，公子申生被晋献公妃骊姬所诬，只好躲避父亲晋献公。有人劝他自辩，申生回答："君（即晋献公）非姬氏（即骊姬），居不安，食不饱。我辞，姬必有罪。君老矣，吾又不乐。"又有人劝他逃走，申生回答："君实不察其罪，被此名也以出，人谁纳我？"

留也不是，走也不是，公子申生只好"对得起"父亲，自缢了事。

负重前行的历史，忠、孝是它的两个轮子。在中国，孝之深入人心，竟至如是。以孝之名，为不孝之实，时常有之。呜呼哀哉！

讲　信

信起始于生存，生存有赖于信。

远古时候，要想得到食物，或者平安睡上一觉，并不是容易的事。约好的一起狩猎，约好的一起出行，如果有人爽约了，失信了，其后果之严重，可想而知。

那时的民众，惟有头领可依靠。两者之间，互信不欺，生活就都有了着落。但是环境险恶，条件局促，头领的压力可想而知。

元成宗崩，仁宗入卫皇宫，诛杀权臣，迎立哥哥武宗。《元史·仁宗本纪一》云："五月乙丑，帝与太后会武宗于上都。甲申，武宗即位。六月癸巳，诏立帝为皇太子，受金宝。"

投桃报李，何其速也！

元武宗崩，弟弟仁宗顺利即位。但他忘了叔侄相传，把儿子立为太子。

元仁宗崩，儿子英宗在位被弑，此后泰定、天顺、文宗、明宗、宁宗，元朝皇帝走马灯般换来换去。在最后一位皇帝出场之前，包括英宗在内的接连六任皇帝，总计在位时间也才十三年。

天子相接，倏忽如此，人之于信，可有若无。元武宗之能够兄终弟及，元仁宗之不能叔侄相传，其重信若此，其轻诺如此，为何？

元武宗像

《竹书纪年》之于伯益，“今本”曰：“六年，伯益薨，祀之。”“古本”则曰：“益干启位，启杀之。”

何以要“干”？因禹禅而得位也。何以言“薨”？后人讳言启杀之而夺其位也。禅让至此终了。人之于信，疑惑生焉，诈伪生焉。

赐名赐姓，历代多有，五代大乱，此风为最。后唐义儿军，《新五代史》所记，仅李克用所养，可记者九人，李嗣源正在其列。正是他，日后攻杀了后唐庄宗李存勖，自立为君。而李存勖，才是李克用亲出之子。《新五代史》由此总结：“至其（即后唐）有天下，多用以成功业，及其亡也亦由焉。”①

其实，后唐之亡，征兆非一。庄宗灭蜀，放言赦封，信誓旦旦。《新五代史·前蜀世家》云：

---

① 欧阳修：《新五代史》卷三十六《义儿传》。

> 庄宗召衍（按，即王衍，前蜀末代君主）入洛，赐衍诏曰："固当列土而封，必不薄人于险，三辰在上，一言不欺！"衍捧诏忻然就道，率其宗族及伪宰相王锴、张格、庾传素、许寂，翰林学士李昊等，及诸将佐家族数千人以东。

其"一言不欺"，其杀戮来矣。《新五代史·前蜀世家》云：

> 同光四年四月，（王衍）行至秦川驿，庄宗用伶人景进计，遣宦者向延嗣诛其族。衍母徐氏临刑呼曰："吾儿以一国迎降，反以为戮，信义俱弃，吾知其祸不旋踵①矣！"衍妾刘氏，鬒发②如云而有色，行刑者将免之，刘氏曰："家国丧亡，义不受辱！"遂就死。

君王反复若此，臣下也不例外。以信欺人，以信诈人，时有过之。

张宗奭初名居言，宗奭之名乃后梁皇帝朱温所赐。宗奭事后梁，小心谨慎。但《旧五代史·张全义传》云："庄宗平梁，全义自洛赴觐，泥首待罪。"宗奭之变全义，盖因后唐庄宗李存勖之赐名。张居言终以"全义"留名于青史，岂不悲哉？

《陈书·欧阳頠传》云：

---

① 旋踵：掉转脚跟，比喻时间极短。

② 鬒发：发稠而黑。

初，交州刺史袁昙缓密以金五百两寄颜，令以百两还合浦太守龚劳，四百两付儿智矩，余人弗知之也。颜寻为萧勃所破，资财并尽，唯所寄金独在。昙缓亦寻卒，至是颜并依信还之，时人莫不叹伏。

观之思之，信之于人，惟其有义，才有价值，才被传颂。

辨 勇

勇有真假之分，有文武之别，亦有恶勇之谓。

> 刑天与帝争神，帝断其首，葬之常羊之山。乃以乳为目，以脐为口，操干戚以舞。①

《山海经》所记，勇者之无畏，令人瞠目。浩荡历史中，勇武之士，壮怀激烈，紧要之处，山河为之动容。

风萧萧兮易水寒，壮士一去不复还，这是荆轲刺秦王时的一人之勇。雄关漫道真如铁，而今迈步从头越，这是红军长征时的万人之勇。勇之于人，不可或缺。

吴元济据蔡州反唐，李愬谋袭蔡州。《旧唐书·李愬传》云：

> 是日（按，愬袭下元济张柴寨之日），阴晦雨雪，大风

---

① 《山海经·海外西经》。

裂旗旆，马栗而不能跃，士卒苦寒，抱戈僵仆①者道路相望。……愬道分五百人断洄曲路桥，其夜冻死者十二三。

自张柴（按，即张柴寨）行七十里，比至悬瓠城，夜半，雪愈甚。……贼恃吴房、朗山之固，晏然无一人知者。李祐、李忠义坎墉而先登，敢锐者从之，尽杀守门卒而登其门，留击柝者。黎明，雪亦止，愬入，止元济外宅。

同是大雪，同样神速，扶猛趋向白帝。《周书·扶猛传》云：

（宇文泰）令（猛）率所部千人，从开府贺若敦南讨信州。敦令猛别道直趣②白帝。所由之路，人迹不通。猛乃梯山扪葛③，备历艰阻。雪深七尺，粮运不继，猛奖励士卒，兼夜而行，遂至白帝城。（南梁）刺史向镇侯列阵拒猛。猛与战，破之，乘胜而进，遂入白帝城。

别道艰阻，无神勇无以办；即如交锋，无神勇亦无以办。《左传·成公二年》记齐晋鞌之战，晋国郤克统帅中军，张侯给他驾车，郑丘缓为车右。“郤克伤于矢，流血及屦，未绝鼓音，曰：‘余病矣！’”

---

① 僵仆：扑倒；倒下。

② 趣：同“趋”。

③ 梯山扪葛：攀山援藤。

此时，张侯勉之："自始合，而矢贯余手及肘，余折以御，左轮朱殷，岂敢言病。吾子忍之！"

郑丘缓勉之："自始合，苟有险，余必下推车，子岂识之？然子病矣！"

张侯又勉："师之耳目，在吾旗鼓，进退从之。此车一人殿之，可以集事，若之何其以病败君大事也？擐甲执兵，固即死也。病未及死，吾子勉之！"

张侯"左并辔，右援枹而鼓"。于是战马战车，狂奔向前。晋军受此感召，拼尽全力杀敌。

战斗结束，"齐师败绩。逐之，三周华不注"。战场之残酷，于此可见；斗志之互勉，传为美谈。

勇有真假，不可不辨。有勇有谋谓之真，有勇无谋可谓假。真勇勇而慎，假勇怙勇而已。鞌之战中，晋军鼓音不绝，勇谋备矣。而在战前，齐人于阵前高呼"欲勇者贾余余勇"，惟怙勇而已。

勇亦有文，非止武者。《尚书·大禹谟》云："班师振旅，帝乃诞敷①文德，舞干羽于两阶。"禅让时代，舞干舞羽，已是有武有文。

武之勇形诸外，文之勇纳于内，其浩然之气无异，其肝肠之痛则过之。随时迁移，其浩浩之气，感佩人心，历久而弥新。

《晋书·嵇康传》云："康将刑东市，太学生三千人请以为师，弗许。康顾视日影，索琴弹之……"嵇康之死，竟伴一曲《广陵散》。

---

① 诞敷：遍布。

嵇康像

历史不能假设，但时常重演。《宋史·陈东传》云："东请食而行，手书区处①家事，字画如平时，已乃授其从者曰：'我死，尔归致此于吾亲。'"陈东之死，是在伏阙上书、请诛国贼之后，平静如水。

① 区处：处理，筹划安排。

晋文帝司马昭“寻悟而恨焉”①，宋高宗赵构三年后“感悟”②于此，但其“悟”悟出了什么，其“感”其“恨”又若何？后人不得而知。嵇康已死，陈东已死，其他已不重要！

至若恶勇，乃假手以名，行丑恶之极是也。小鸟生出了大鸟，康王生出了“大勇”。《战国策》云：

> 宋康王之时，有雀生䲶③于城之陬④，使史占之，曰："小而生巨，必霸天下。"康王大喜。于是灭滕、伐薛，取淮北之地，乃愈自信。欲霸之亟成，故射天笞地，斩社稷而焚灭之，曰："威服天下鬼神。"骂国老谏者，为无颜之冠⑤以示勇，剖伛者之背，锲⑥朝涉之胫，而国人大骇。……齐闻而伐之，民散，城不守。（宋康）王乃逃倪侯之馆，遂得而死。见祥而为不可，祥反为祸。

从“大喜”到“大骇”，无人不切齿；从恶勇之极到国破人亡，无人不快意。其所谓以勇示人，恰恰是在示人以恶。

凡此种种，皆可为勇，可不励乎，可不慎乎！

---

① 房玄龄等：《晋书》卷四十九《嵇康传》。

② 脱脱等：《宋史》卷四百五十五《陈东传》。

③ 䲶：鹯，鹞鸟。

④ 陬：角落。

⑤ 无颜之冠：无檐而不遮额的帽子。

⑥ 锲：刻，引申为断绝。此处意为砍断。

斥 奸

凡有忠义，必有奸慝，二者对立，万古不易。奸有大小，大奸若忠，小奸若孝，其质一也。

> 苟利于君，以忠获罪，而何必自明，有至死而不言者，此古之义士也，吾得一人焉，曰程福赟。

《新五代史·一行传》之开篇，对程福赟作此评判。欧阳修搜集君子义士，得五十年间之四人，撰为《一行传》，福赟得文字最少，仅百余字，但此人其事，却感人至深。

契丹入寇，后晋出帝北征，奉国军士纵火焚营作乱。“福赟身自救火被伤，火灭而乱者不得发。”此时他认为，契丹大军将至，天子在外，京师空虚，不应因为这事动摇视听，所以“匿其事不以闻”。

但是，忠义处生奸慝。军将李殷位在其下，想取而代之，竟以“何以不奏”为名，诬陷他是作乱之同谋，而福赟本人，“终不自辨以见杀”。

有福赟则有李殷，无李殷则无福赟。此一小奸，如同孝子，为护佑“老子”，如狼扑向福赟。“老子”就此下了福赟的狱，要了福赟的命。

凡作奸，必不可告人，必处心积虑，亦必不齿于人。奸奸相连，终置人伦于不顾，置历史于不堪。

蔡京像

蔡京的名字在《宋史》所载北宋末年诸臣传记中频繁出现。谄附蔡京的人中，以薛昂最为特殊。《宋史·薛昂传》如此记他：“……始终附会蔡京，至举家为京讳。或误及之，辄加笞责，昂尝误及，即自批其口。”

南宋初年，“杭州军乱，（薛）昂不请命领州事，责徽州居住”。

其实此人不学无术，“常请罢史学，哲宗斥为俗佞”。他可能不会想到，自己“孝”如此，竟被这样写入历史。

大奸博弈，如隔空筹谋，其勾心斗角，精彩无伦，其危害国家，烈于飓风。《三国志·曹爽传》记载，开始时，曹爽“以宣王（司马懿）年德并高，恒父事之，不敢专行”。但是之后，“（爽）饮食车服，拟于乘舆；尚方珍玩，充牣①其家；妻妾盈后庭，又私

① 充牣：犹充满。

取先帝才人七八人，及将吏、师工、鼓吹、良家子女三十三人，皆以为伎乐。诈作诏书，发才人五十七人送邺台，使先帝倢伃①教习为伎。擅取太乐乐器、武库禁兵”。

其跋扈若此，宣王司马懿却不动声色，只是“密为之备”。有人来拜见，他也“称疾困笃，示以羸形”。但是之后，机会这样来临：“车驾朝高平陵（按，曹魏明帝曹叡的陵寝），爽兄弟皆从。宣王部勒兵马，先据武库，遂出屯洛水浮桥。”

以大忠之名，司马懿上奏朝廷，声讨曹爽之大逆不道，并逼其就范。得知消息，曹爽先是“迫窘不知所为”，然后竟然“归罪请死”，最终伏诛。

司马氏之扭转乾坤之彻底得势，正始于“高平陵事变”，而曹魏之大动荡，亦自此始。

奸之大者，莫若弑君。为明君臣大义，公羊高走向前台，直接诘责：“翚者何？公子翚也。何以不称公子？贬。曷为贬？与弑公也。其与弑公奈何？……”②

公子翚乃鲁隐公之异母弟，他参与了弑杀隐公，《春秋公羊传》对此直言不讳。在《春秋》经文“翚帅师会宋公、陈侯、蔡人、卫人伐郑”处，公羊高阐发《春秋》大义，剥下翚奸佞的真面孔。

大奸常有大忠貌，斥奸何为？国之必需！

---

① 倢伃：即婕妤，古代女官名，是帝王嫔妃的称号。

② 公羊高：《春秋公羊传·隐公第一》。

攻　伪

北齐代东魏，可谓伪之极也。

东魏孝静帝元善见禅位之前，派人给高洋送去册命。《北齐书·文宣帝本纪》对这一册命全文照录，其中有云："王（按，即高洋）抟风初举，建旟上地，庇民立政，时雨滂流，下识廉耻，仁加水陆，移风易俗，自齐变鲁，此王之功也。仍摄天台，总参戎律，策出若神，威行朔土，引弓窜迹，松塞无烟，此又王之功也。……"

紧随其后，"此又王之功也"频繁出现，达十二次之多。本来是万般无奈，元善见却似乎万般欢畅。皇帝表扬臣子，竟肉麻到了这地步！

有时候，前方的路太过艰难，需要伪装一下，才能过去。但有的时候，是因为路太好走了，才需要乔装打扮，把人蒙蔽一下。

早在此前，高洋的哥哥高澄（按，即北齐文襄帝）和元善见喝酒时，发怒骂皇帝："朕！朕！狗脚朕！"① 并让手下人连打元

① 李百药：《北齐书》卷三《文襄帝本纪》。

善见三拳。臣子侮辱皇帝，竟张狂到了这般田地！

所以这册命之虚伪，全为了篡位伪装之所需。做足表面文章之后，高洋才让元善见下达禅位的诏书。但谁能想得到，高洋所建之北齐，历经了六帝，也才二十七年。

人之内心，就这般被冲刷。时常冲刷，心会变得粗糙，抑或麻木不仁，但这谁能避得开呢？

查检历史，那些伪人伪事，往往有惊人相似的地方。

据《南齐书》所记，萧道成登基之前，刘宋顺帝刘准对他的“策命”，一如之前元善见对高洋的“册命”，频繁出现“此又公（按，即萧道成）之功也”①。只不过高氏之伪，伪得露骨了点，而萧氏之伪，则隐蔽得多。

《宋书·后废帝本纪》记刘宋后废帝刘昱为太子时，“年渐长，喜怒乖节，左右有失旨者，辄手加扑打。徒跣②蹲踞，以此为常”。此时，未闻萧道成劝谏之声。

建平王据京城谋反，但很快被平定。自此以后，刘昱无日不出京城。“夜出，开承明门，夕去晨反，晨出暮归。从者并执鋋矛，行人男女，及犬马牛驴，值无免者。民间扰惧，昼日不敢开门，道上行人殆绝。”此时，未闻萧道成劝谏之声。

刘昱天生好杀，“尝以铁椎椎人阴破，左右人见之有敛眉者，昱大怒，令此人袒胛正立，以矛刺胛洞过。”此时，亦未闻萧道成

---

① 萧子显：《南齐书》卷一《高帝本纪》。

② 徒跣：赤足。

劝谏之声。

之后刘昱被弑，砍下的脑袋被送到了萧道成府上。《南齐书·高帝本纪》于此有云："太祖（按，即萧道成）夜从承明门乘常所骑赤马入，殿内惊怖，既知苍梧王（按，即刘昱）死，咸称万岁。"

萧道成像

那边惊恐，这边沉着。其悠游自得之情，可以想见！但萧道成所建之南齐，历经了七帝，也才二十四年。

实际上，萧道成深得刘宋明帝刘彧之信任，《南齐书·高帝本纪》云："明帝崩，遗诏为右卫将军，领卫尉，加兵五百人。"但是，明帝所有的苦心经营最终都土崩瓦解、灰飞烟灭了。

岂止"两齐"如此，但凡有禅，鲜少逃脱这样的结局。伪非真，人常悦之；真非伪，人常恶之。此禅语发人深省。

尚　清

清者何谓？清不徇情，清以致远。

羊祜是司马师（按，晋武帝司马炎伯父）的内弟，还是夏侯霸（按，汉末征西将军夏侯渊次子）的女婿。《晋书·羊祜传》云："时高贵乡公（按，即曹髦，曹魏文帝曹丕孙）好属文，在位者多献诗赋，汝南和逌以忤意见斥，祜在其间，不得而亲疏，有识尚焉。"

《晋书》又云："夏侯霸之降蜀也，姻亲多告绝，祜独安其室，恩礼有加焉。"

立于亲疏之外，羊祜之识远矣；独安岳父之室，羊祜之情至大。此一识为公，此一情无私。

羊祜"后加车骑将军，开府如三司之仪"。对这一任命，他上表固让，曰："今臣身托外戚，事连运会，诫在过宠，不患见遗。而猥降发中①之诏，加非次之荣。臣有何功可以堪之，何心可以安

① 发中：发自内廷。

之。”推辞的同时，羊祜举荐了贤达李憙、李胤，他认为李憙“执节高亮”，李胤则“清亮简素”。①

清从明起，明由识来，识因心公。识则明，明则清；心公则有识，有识则致远。清风徐来，天高地阔，心地坦荡，岂有不明！

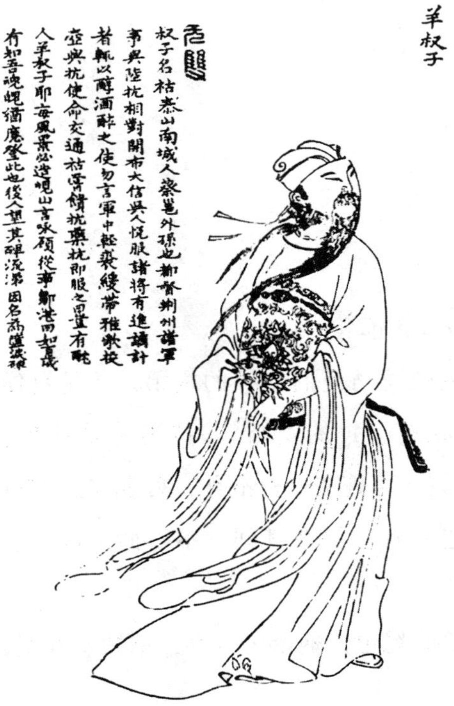

羊祜像及题跋

《晋书》记羊祜：“其嘉谋谠议，皆焚其草，故世莫闻。凡所进达，人皆不知所由。或谓祜慎密太过者，祜曰：‘是何言欤！夫入则造膝，出则诡辞，君臣不密之诫，吾惟惧其不及。不能举贤取异，岂得不愧知人之难哉？且拜爵公朝，谢恩私门，吾所不取。’”②

无独有偶，千年过后，许衡亦复如此。《元史·许衡传》云：

---

① 房玄龄等：《晋书》卷三十四《羊祜传》。

② 房玄龄等：《晋书》卷三十四《羊祜传》。

“衡自见帝（按，即元世祖忽必烈），多奏陈，及退，皆削其草，故其言多秘，世罕得闻……”

彼一“焚”而此一“削”，得见二人之心至公。因至公而心明眼亮，而心清识远，而胸怀旷达，无所往亦无所不往。

许衡曾得到一本关于《易》的书，《元史·许衡传》于此有云：“时兵乱中，衡夜思昼诵，身体而力践之，言动必揆诸义而后发。尝暑中过河阳，渴甚，道有梨，众争取啖之，衡独危坐树下自若。或问之，曰：‘非其有而取之，不可也。’人曰：‘世乱，此无主。’曰：‘梨无主，吾心独无主乎？’”

此梨有主乎？此情何以堪？许衡心中之主，岂非一个“清”字？

平吴宜早，乃羊祜所力主。羊祜死后的第二年，西晋灭掉孙吴；而平吴的杜预，正是羊祜生前所力荐。

羊祜一生清远，心忧天下。

许衡病危，家人祠，“衡曰：‘吾一日未死，宁不有事于祖考？’扶而起，奠献如仪。既撤，家人馂①，怡怡如也。已而卒，年七十三”②。

许衡一生清亮，行稳致远。

正可谓清者自清，清者自明，清者自达。《梁书·孙谦传》云：“（南）齐初，（孙谦）为宁朔将军、钱唐令，治烦以简，狱

① 馂：吃剩下的食物。

② 宋濂等：《元史》卷一百五十八《许衡传》。

无系囚。及去官，百姓以谦在职不受饷遗①，进载缣帛②以送之，谦却不受。每去官，辄无私宅，常借官空车厩居焉。”

到南梁武帝时，“（孙谦）每朝见，犹请剧职③自效。高祖笑曰：‘朕使卿智，不使卿力。’（天监）十四年，诏曰：‘光禄大夫孙谦，清慎有闻，白首不怠，高年旧齿，宜加优秩。可给亲信二十人，并给扶④。’”

清之境界极高，非下大功夫，难以致远。

---

① 饷遗：馈赠。

② 缣帛：绢类的丝织物。

③ 剧职：任务艰巨烦剧的职务。

④ 给扶：给予扶持之人，古代君主赐给大臣的一种礼遇。

扬 直

直者一也，非直无以表仁，非仁无以行直。

有个叫马伸的人，让宋高宗赵构很头疼。《宋史·马伸传》记其上疏云："陛下得黄潜善、汪伯彦以为辅相，委任不复疑。然自入相以来，处事未尝惬当①物情，遂使女真日强，盗贼日炽，国本日蹙，威权日削。"

重用奸相，后果之严重，说得够狠。但更狠的是，接下来其矛头对上了赵构："陛下隐忍不肯斥逐，涂炭遗民固已绝望，二圣（按，即宋徽宗、宋钦宗）还期在何时邪？臣每念此，不如无生。岁月如流，时几易失，望速罢潜善、伯彦政柄②，别选贤者，共图大事。"

即使这样，赵构还是选择了隐忍："疏入，留中。"并在第二天，将马伸从殿中侍御史提拔为卫尉少卿。但是，"伸以论事不

① 惬当：恰如其分；合乎情理。

② 政柄：政治权力。

马伸像

行，辞不拜”。

不能除奸，官也不做，其直何如！

但是，马伸非不近人情者也，他的另一面足以让人刮目相看。《宋史·马伸传》记载，早年的马伸是这样的：“（伸）不乐驰骛，每调官，未尝择便利。为成都郫县丞，守委受成都租。前受输者率以食色玩好蛊术而败，伸请绝宿弊。”

他体恤民情，为民请命，所以才出现“民争先输，至沿途假寐以达旦”；所以才出现“常平使者孙俟早行，怪问之，皆应曰：‘今年马县丞受纳，不病我也。’俟荐于朝”。

直者行仁，所以马伸被《宋史》列入《忠义传》。

如若非直，即便行仁得仁，在历史的长河中，也会饱受非议，甚至不齿于人。

《元史·严实传》云：严实死后，“远近悲悼，野哭巷祭，旬月不已”。原因在于，为“宽厚长者”事甚多。

蒙古军攻破濮州，想要屠城。实言：“百姓未尝敌我，岂可与执兵刃者同戮，不若留之，以供刍秣。”数万人得以活命。

归蒙后，严实在东平的家属和族人都被南宋将领王义深所害。但“河南破，实获义深妻子，厚周恤之，送还乡里，终不以旧怨为嫌”。

但是朱东润在《元好问传》中对严实作了这样的评判：“数年之间，反复无常，其人实不足取。”

严实先为金朝东平百户，后为金“长清令”，再为南宋济南治中。但是，严实“知宋不足恃”，很快就“谒太师木华黎于军门，挈所部彰德、大名、磁、洺、恩、博、滑、濬等州户三十万来归”。之后，南宋围东平城，因“城中食且尽”，为了苟且，他暂时与宋合作，当蒙古兵一到，他就又叛宋攻宋了。

巧合的是，南宋初年，严实是蒙古国的东平路行军万户，而马伸也是东平一带人。马伸终于斗不过奸臣，死在去往贬所的路上；得小名而失大节的严实，竟得以享富贵而亡！何其可悲，何其可叹！

旌　节

节有正亏，正节扬清气，亏节尽显浊。节亦有大小，小节照人事，大节照国事。

《晋书·和峤传》云：

> 旧监令共车入朝，时荀勖为监，峤鄙勖为人，以意气加之，每同乘，高抗专车而坐。乃使监令异车，自峤始也。

本该同车上朝，中书令和峤却丢下中书监荀勖，绝尘而去。晋武帝似乎并没有怪罪，反倒是颁了新规，顺应了“异车”的做法。

《晋书·荀勖传》云：

> 时（晋武）帝素知太子暗弱，恐后乱国，遣勖及和峤往观之。勖还盛称太子之德，而峤云太子如初。……帝将废贾妃（按，即太子妃贾南风），勖与冯𬘘等谏请，故得不废。

因为荀勖等人的力促力保，太子司马衷得以登上帝位，贾南风得以成为皇后。但“八王之乱”随之而来，“五胡乱华”随之而来，西晋王朝随之灭亡。

《晋书》评荀勖，认定他“倾国害时”①；而写到和峤时，开篇即说他“森森如千丈松”②，随后果然就有了专车之举。

人事、国事，互有关联，不容小觑。荀勖之节亏，岂可不鄙？和峤之节正，岂可不旌？

节之于人，代价高昂，甚至需付出生命，慷慨赴死者有之，忍辱自裁者有之，岂不可叹！

《汉纪·孝元皇帝纪上卷》云：

> 上（按，即汉元帝刘奭）曰：“萧太傅（按，即萧望之）素刚直，安肯就狱？”（石）显等曰：“人命至重，望之所坐罪，必无所忧。”上乃可其奏。显等于是遣谒者促召望之，因命太常急发执金吾围其第。使者至，望之欲自杀，其夫人止之，以为非天子意。望之以问门下生朱云，（云）素刚直，好节士，教之自裁。望之乃叹曰：“吾尝备位宰相，年逾六十矣，而入狱以求生，不亦鄙乎？”遂饮药而卒。

汉宣帝死前，萧望之受遗诏辅政。继位的汉元帝非常倚重他，

---

① 房玄龄等：《晋书》卷三十九《荀勖传》。

② 房玄龄等：《晋书》卷四十五《和峤传》。

但石显等人对他则是必置死地而后快。在他还没遭杀身之祸的时候，《汉纪》就已明言："自此忠臣退而奸臣用事。"① 而他的罪状竟是，其子对别人诬陷他的上诉。

鄙人者，惟在所鄙之人是否亏节；自鄙者，惟在自鄙之事是否为正。若激浊扬清，以命为偿，亦何所惜欤？

十六国时期，小朝廷众多。吕光扫西域，返回之时，闻淝水之败，心生异图。凉州刺史梁熙，闭境拒光，为光所败。武威太守彭济，执熙迎光。梁熙被杀，但索泮不降，光攻而获之。《晋书·索泮传》于此记有二人对话：

> 光曰："孤既平西域，将赴难京师（按，即长安，前秦都城），梁熙无状，绝孤归路，此朝廷之罪人，卿何意阻郡固迷，自同元恶②！"泮厉色责光曰："将军受诏讨叛胡，可受诏乱凉州邪？寡君（按，即梁熙）何罪，而将军害之？泮但苦力寡，不能固守以报君父之仇，岂如逆氐彭济望风反叛！主灭臣死，礼之常也。"

最终索泮"就刑于市，神色不变"。气不以朝廷小而短，节不以朝廷小而亏，索泮之节大矣哉！

诡异的是，大节毁于小节，致人亏节者，亦时有之，扼腕痛

① 荀悦：《汉纪·孝元皇帝纪上卷》。

② 元恶：首恶。

惜之余，深思之地大焉。《汉纪·孝成皇帝纪一卷》云：

丁丑，宰相匡衡免。初，(衡) 封乐安乡侯，以闽陌为界。初元元年，误以平陵陌为闽陌，多四百顷。积十余年，郡乃定国界，上计薄，言丞相府。衡讽掾属郡部从故所，郡即复以四百顷付乐安乡侯衡收租谷。有司奏衡监临主守专地盗土，于是坐免为庶人。

匡衡像

匡衡敢言直谏，每中时弊，位至宰相，但竟以四百顷之地，自毁名节。从凿壁偷光的匡衡，到专地盗土的匡衡，哪一个是真实的呢？

所以，节无大小，清浊见高下。无论如何，人都得把名节捧在手心里，大意不得。

重　祀

今天我们依然在祭祀黄帝、炎帝，祭祀孔子、孟子。因为祭祀，能加重记忆，能加强认同，也能促成信仰。

《左传 · 宣公十八年》云：

> 公孙归父以襄仲之立（鲁宣）公也，有宠，欲去三桓（按，鲁桓公子季友、叔牙、庆父及其后代），以张公室。与公谋，而聘于晋，欲以晋人去之。

鲁庄公是鲁桓公的儿子，鲁僖公是鲁庄公的儿子，鲁文公是鲁僖公的儿子，鲁宣公是鲁文公的儿子。襄仲是鲁庄公的儿子，自然也就是鲁宣公的祖辈了。公孙归父是襄仲子，不但是鲁宣公的臣子，还是鲁宣公的叔伯辈。因为三桓日强，公室日卑，公孙归父想张大公室。但这行得通吗？

《左传》于此接续云：

冬，（鲁宣）公薨。季文子言于朝曰："使我杀嫡立庶以失大援者，仲也夫。"臧宣叔（按，鲁大夫）怒曰："当其时不能治也，后之人何罪？子欲去之，许（按，臧宣叔名许）请去之。"遂逐东门氏（按，即襄仲族）。

祭祀图

季文子就是季孙行父，是三桓之一。所谓"杀嫡立庶"，指的是襄仲借齐国力量，在鲁文公死后，先后杀掉其嫡子恶和视，立了文公庶子倭，也就是鲁宣公。在全家被逐出鲁国的时候，公孙归父还在晋国出差。

《左传》接续云：

> 子家（按，即公孙归父）还，及笙①，坛帷，复命于介②。既复命，袒、括发，即位哭，三踊而出。遂奔齐。书（按，即《春秋》）曰：“归父还自晋。”善之也。

杜预《春秋经传集解》于此解为：“依在国丧礼设哭位，（鲁宣）公薨故。”回不了国都，公孙归父就以这样的方式祭奠他的国君鲁宣公。

在国不忘公室，失位不忘国君，逃命不忘祭祀，所以孔子“善之”也。这与孔子提倡的“祭如在，祭神如神在”③，也是一致的。

祀之重，非止祀事之重，更有位次之重也。伴随宋朝三百年的始祖之争，可以明此。

僖祖赵朓，是宋之始祖，太祖、太宗、真宗、仁宗，无复疑焉。到了英宗，僖祖祧迁，太祖成了始祖。神宗之世，赵朓复为始祖。争议声中，僖祖赵朓权居东向之位。宁宗之世，赵朓别为立庙。这时，争议再起，朱熹上言：“当以僖祖为始祖，如周之后

---

① 笙：地名，在鲁境。

② 介：副手。

③ 《论语·八佾》。

稷，太祖如周之文王，太宗如周之武王，与仁宗之庙，皆万世不祧①；昭穆而次，以至高宗之庙亦万世不祧。”②

宁宗虽“再三称善”，但僖祖之庙还是毁了，僖祖之主还是迁了。到了理宗，虽然再议始当赵祧，但终不行。

祀之重，非止位次之重，更有山河之重也。《魏书·地形志二上第五》于司州之汲郡所领县之朝歌条下有记：“有朝歌城、崔方城、大方山、淇水、白沟水、天井沟、苑城、新城、伏羲祠。”于司州之东郡所领县之东燕条下有记：“有燕城、尧祠、伍子胥祠。”于司州之顿丘郡所领县之顿丘条下有记：“有鱼阳泽、帝颛顼冢、帝喾冢。”于司州之顿丘郡所领县之卫国条下有记：“有卫国城、卫康叔冢、子路冢、蒯聩冢、孔悝冢、卫辄冢、卫灵公冢、武乡城。”于司州之濮阳郡所领县之廪丘条下有记：“有羊角哀左伯桃冢、管公明冢。”

今天，山河所在，郡县所在，冢祠所在，忠孝节义所在。天下既已混一，记忆亦当混一。

今天，当网上祭奠、代人祭奠到来的时候，我们会不会觉得，古人为了祭祀，有些死心眼了呢？

《金史·金熙宗本纪》云：“（皇统元年二月）戊子，上亲祭孔子庙，北面再拜。”虽然已经灭了北宋，虽然正在加紧侵逼南

① 不祧：古代帝王的宗庙分家庙和远祖庙，远祖庙称祧。家庙中的神主，除始祖外，凡辈分远的要依次迁入祧庙中合祭；永不迁移的称“不祧”。

② 脱脱等：《宋史》卷一百七《吉礼志十》。

宋，但金朝皇帝汉化的步伐似乎也在加快。

施国祁之《金史详校》在“（皇统二年三月）戊午，（金熙宗）立子济安为皇太子”条下校曰：“《（大金）集礼》：三月十七日，命左丞勖告宗庙，都点检常胜告天地社稷，就赴庆元宫行礼，并差侍制高士谈摄太常卿，提控祭告礼仪。给赏，吏部尚书充都点检常胜与特进，赐诰太傅宗弼银绢二百两匹，读诰丞相韩企先总领裁定礼数，平章昂、平章奕各一百五十两匹。”

凶事有祀，吉事亦祀，且仪式庄严，场面宏大，金俨然已自命天朝上国也。

祀之重，非止鬼神之重，更有生人之重也。子曰：“未能事人，焉能事鬼？”①《尚书·说命中》云：“黩于祭祀，时谓弗钦。礼烦则乱，事神则难。”

此中意味，已很辩证。事人事鬼事神，以人为先，且皆有度，过犹不及也。

嘉靖三十一年九月，“河决徐州房村集至邳州新安，运道淤阻五十里”②。总河副都御史曾钧的疏浚之策被皇帝批准了，侍郎吴鹏也被皇帝派去赈济灾户了。《明史·河渠志一黄河上》于此接续云：“时浚徐、邳将讫工，一夕，水涌复淤。帝用严嵩（按，时为内阁首辅）言，遣官祭河神。而鹏、钧复共奏请急

① 《论语·先进》。

② 张廷玉等：《明史》卷八十三《河渠志一黄河上》。

筑浚草湾、刘伶台，建闸三里沟，迎纳泗水清流；且于徐州以上至开封浚支河一二，令水分杀。其冬，漕河工竣，进钧秩侍郎。”

河神安在？疏浚建闸，拯救生灵，重于祭河祀神！

轻　瑞

自重者兴，自轻者废，兴废由人，非关灵异。以瑞为祥，有乖治乱之道；不以此为意，则能明辨而治。

《周书·武帝纪》有两次记瑞。其一云：

> （建德二年）三月己卯，皇太子于岐州获二白鹿以献。诏答曰："在德不在瑞。"

其二云：

> （建德六年八月）甲子，郑州献九尾狐，皮肉销尽，骨体犹具。帝曰："瑞应之来，必昭有德。若使五品时叙，四海和平，家识孝慈，人知礼让，乃能致此。今无其时，恐非实录。"乃命焚之。

一个凡人，兀自听说了祥瑞之物，也会心旷神怡，更何况是皇帝，有一国的民众，有众多的臣子，还有千军万马呢！当祥瑞呈上时，皇帝也定会浮想联翩，龙颜大悦。

但是宇文邕，却由祥瑞想到了修身，由修身想到了治乱。在这两次祥瑞之间，他日思夜想的，是怎样灭亡北齐。于是，他对他的臣子，从“闻其（按，即北齐）朝政昏乱”讲起，讲到过去伐齐失败的原因，是“未扼其喉”；讲到现在伐齐需先攻晋州，因为晋州是北齐“所起之地”。

对于宇文邕的决策，“诸将多不愿行”。于是他“总戎东伐”，北齐被他一鼓而下。①

亡国之际，北齐后主高纬“忧惧不知所之”“遣募人，重加官赏，虽有此言，而竟不出物”。②

这与此前听闻有瑞时的高纬判若两人。《北齐书 · 后主纪》云：“（武平五年）夏五月，大旱，晋阳得死魃，长二尺，面顶各二目。帝闻之，使刻木为其形以献。”

同样的重视，却有不一样的举动。高纬的轻“赏”，或许源于其重“瑞”。治国若此，徒增笑耳！

北周灭北齐，隋亡北周，随后又灭南陈，大一统江山初现。但隋朝只有短短的三十七年，便被唐取代，这又不得不说到瑞。《隋书 · 炀帝纪上》云：高祖密令善相者来和遍视诸子，和曰：“晋王眉上双骨隆起，贵不可言。”既而高祖幸上所居第，见乐器弦多

① 令狐德棻等：《周书》卷六《武帝纪下》。

② 李百药：《北齐书》卷八《后主纪》。

断绝，又有尘埃，若不用者，以为不好声妓，善之。上尤自矫饰，当时称为仁孝。尝观猎遇雨，左右进油衣，上曰："士卒皆沾湿，我独衣此乎！"乃令撤去。

杨广之相贵固不可言，其行矫亦不可言。

但是，《隋书·炀帝纪下》接续有云："自高祖大渐，暨谅闇之中，烝淫无度，山陵始就，即事巡游。"从此以后，隋炀帝边行矫饰，边行昏暴，而上天也"配合"着他，行起了祥瑞。

大业三年正月，"武阳郡上言，河水清"。同年，"发丁男百余万筑长城，西距榆林，东至紫河，一旬而罢，死者十五六"。①

彼河水之清，此死者之多，何邪？

大业四年五月壬申，"蜀郡获三足乌，张掖获玄狐，各一"。次年五月，炀帝"大猎于拔延山，长围周亘二千里。……丙戌，梁浩亹②，御马度而桥坏，斩朝散大夫黄亘及督役者九人"。③

彼所获玄狐，此所斩九人，何邪？

瑞在万民，非在上天，瑞之于国，犹人之于君，可不慎乎？但是，迎合之人，不绝如缕；迎合之声，绵而有力。为能有瑞，便去造谶。何谓谶也？"立言于前，有证于后，故智者贵焉，谓谶书。"④

---

① 魏征等：《隋书》卷三《炀帝纪上》。

② 浩亹：水名，今大通河。

③ 魏征等：《隋书》卷三《炀帝纪上》。

④ 徐天麟：《东汉会要》卷十三《论谶》。

宋徽宗赵佶《瑞鹤图》

即皇帝位，依了谶书；要起灵台，起明堂，起辟雍，还依谶书。光武帝刘秀之内心，决定嫌疑，惟有谶书。这时，桓谭坐不住了，上疏有言：

凡人情忽于见事而贵于异闻，观先王之所记述，咸以仁

> 义正道为本，非有奇怪虚诞之事。盖天道性命，圣人所难言也。自子贡以下，不得而闻，况后世浅儒，能通知乎！今诸巧慧小才伎数之人，增益图书，矫称谶记，以欺惑贪邪，诖误①人主，焉可不抑远之哉！②

然而，“帝省奏，不悦”。之后，尹敏得幸，令校图谶。敏对曰：“谶书非圣人所作，其中多近鄙别字，颇类世俗之辞，恐疑误后生。”③

然而，“帝不纳”。僵持之际，“敏因其阙文增之曰：‘君无口，为汉辅。’帝见而怪之，召敏问其故。敏对曰：‘臣见前人增损图书，敢不自量，窃幸万一。’帝深非之……”④

谶之所指，瑞之所在，刘秀惑焉。谏而不听，“桓谭、尹敏以忤乖沦败”，二人正可谓“障百川而东之，回狂澜于既倒”⑤者也。

大河奔流，青山不改，种种祥瑞，究为何祥何瑞？究为谁祥谁瑞？

---

① 诖误：贻误；连累。

② 徐天麟：《东汉会要》卷十三《论谶》。

③ 徐天麟：《东汉会要》卷十三《论谶》。

④ 徐天麟：《东汉会要》卷十三《论谶》。

⑤ 徐天麟：《东汉会要》卷十三《论谶》。

备 边

边之于国，犹郭之于城，非备无以为守。

《后汉纪·孝安皇帝纪下卷》云：

> (延光）二年春正月，敦煌太守张珰上书陈边事曰：“臣在京师，亦以为西域宜弃。今亲践其土地，乃知弃西域则河西不能自存。”

但张珰所陈西域三策，上计是打，中计是守，下计则是“弃交河城，收鄯善等悉使入塞”。对此，尚书陈忠上疏云：

> 方今边郡守御之具不精，内郡武卫之备不修，敦煌孤危，远来告急，复不辅助，内无慰劳民吏，外无威示百蛮。蹙国减土，经有明戒。臣以为敦煌宜置校尉，案旧增四郡屯兵，以西抚三十六国。建屯益兵，宣扬雷风，冀以折冲万里，震怖匈奴。

二人观点，同中有异，异在张珰书中有弃，而陈忠疏中无弃。备修具精，示威于外，何危之有哉？权衡之后，汉安帝采纳了陈忠的建议。

边境骚动，时或有之，备边之举，不可或缺，退一步则有万步之失。

赵方生活在南宋孝宗时期，他的一生，随时都在备边。《宋史·赵方传》记其抗金，约略如下。

“适和议成，诸郡浸弛备，方独招兵择将，拔土豪孟宗政等补以官。”此时他知随州。

“时金逼于兵，（方）计其必南徙，日夜为备。荆门有东西两山险要，方筑堡其上，增戍兵以遏其冲。”此时他主管湖北安抚司事兼权荆湖置司。

金人进犯陈、光化、随、枣阳、信阳、均州。“方夜半呼其子范、葵曰：‘朝廷和战之说未定，观此益乱人意，吾策决矣，惟有提兵临边决战以报国耳。’遂抗疏主战，亲往襄阳。”此时他为京湖制置使兼知襄阳府。

枣阳等围始解，“方申饬诸将，当遏于境上，不可使之入而后拒之于城下。时麦正熟，方遣兵护民刈之，令清野以俟。再疏力陈不可和者七，战议遂定”。

自此以后，无日不战，金人气馁遁去。此时他迁龙图阁待制，封长沙县男。

“（方）病革，曰：‘未死一日，当立一日纪纲。’引再兴（按，赵方部将）卧内，勉以协心报国。贻书宰相，论疆场大计。

寻卒。”此时他已进显谟阁直学士、太中大夫、权刑部尚书。

为固而固，非惟不能固也；备而固之，方可长固者也。赵方明此，这才积极备边，打出了威风，巩固了边防。他的忠心和胆识，也让他得到重用，步步高升。

宋高宗坐像

但是岳飞没有这么幸运，他遇到的不仅有赵构，还有秦桧。

施国祁《金史详校》中，在金熙宗本纪之“乙卯，宗弼遣使奏河南、陕西捷”条下，先引《宋史·高宗本纪》云：“绍兴十年七月乙卯，金人攻颍昌府，岳飞遣将败之。壬戌，飞以屡奉诏班师，遂自郾城还，军皆溃，颍昌、蔡、郑诸州皆复为金有。”随后校曰：

据此安得七月乙卯奏捷，且计其遣使日，又当在月初矣，似为史官失实。曰否，盖挞懒（按，金太祖堂兄弟）植桧（按，即秦桧）于宋，宗弼阴持之，且流言拟于河南再立少帝，以劫制高宗，故金牌急脚之召，久已密谋闻之，先期奏捷，机事已露。至次年画淮时，诡语龙虎阿鲁保云：“檄书投宋月余，心神不宁。”及闻郦琼（按，宋叛金将领）之论，桧为老儒，自守不暇，喜为知言等事，皆此老设疑自秘，终不说明，善求者其合观两史（按，即《宋史》《金史》）哉。

好一个“植桧于宋”，好一个“设疑自秘”！岳飞以其忠心和胆识，非但不获重用，反被诬陷杀害。所以备边要斗的，不只是战场上的敌人，尤其是在国难当头之时。

融通上下，融通左右，融通内外，备边之难，怎一个“备”字说得清楚！

刺 赂

赂者若贼，不堪之甚也。贿赂暗行，抑或公行，其实皆为诐行。诮之讥之，非惟至当，亦明顺之甚也。

《后汉书·杨震传》记载，大将军邓骘闻杨震“贤而辟之，举茂才，四迁荆州刺史、东莱太守。当之郡，道经昌邑，故所举荆州茂才王密为昌邑令，谒见，至夜怀金十斤以遗震。震曰：‘故人知君，君不知故人，何也？’密曰：‘暮夜无知者。’震曰：‘天知，神知，我知，子知。何谓无知？’密愧而出”。

杨震像

王密愧而出，不堪之甚乎？

《隋书·卢恺传》云：

> 染工上士王神欢者，尝以赂自进，冢宰宇文护擢为计部下大夫。恺谏曰："古者登高能赋，可为大夫，求贤审官，理需详慎①。今神欢出自染工，更无殊异，徒以家富自通，遂与搢绅并列，实恐惟鹈之刺闻之外境。"护竟寝其事。

宇文护寝其事，不堪之甚乎？

人之赂人，已不轻松；国之赂国，则尤为沉重。长平之战，秦国大胜，赵国大败。无奈之下，赵王想以六座城池，换得暂时苟安。但围绕赂与不赂，赵国内部争论得激烈。虞卿极言不可赂，王以虞卿之言告赵郝。

赵郝曰："虞卿诚能尽秦力之所至乎？诚知秦力之所不能进，此弹丸之地弗予，令秦来年复攻王，王得无②割其内而媾乎？"

王曰："请听子割矣，子能必使来年秦之不复攻我乎？"

赵郝答曰："此非臣之所敢任也。他日三晋之交于秦，相善也。今秦善韩、魏而攻王，王之所以事秦必不如韩、魏也。今臣为足下解负亲之攻，开关通币，齐交韩、魏，至来年而王独取攻于秦，此

---

① 详慎：周祥审慎。

② 得无：恐怕；是不是。

王之所以事秦必在韩、魏之后也。此非臣之所敢任也。”①

对此言论，虞卿极言其不可听，赵王陷于徘徊。这时，有个叫楼缓的人从秦国来到赵国，赵王又问计于楼缓。楼缓之言更为诡异：

王亦闻夫公甫文伯母乎？公甫文伯仕于鲁，病死，女子为自杀于房中者二人。其母闻之，弗哭也。其相室②曰：“焉有子死而弗哭者乎？”其母曰：“孔子，贤人也，逐于鲁，而是人（按，即公甫文伯）不随也。今死而妇人为之自杀者二人，若是者必其于长者薄而于妇人厚也。”故从母言之，是为贤母；从妻言之，是必不免为妒妻。故其言一也，言者异则人心变矣。今臣新从秦来而言勿予，则非计也；言予之，恐王以臣为为秦也；故不敢对。使臣得为大王计，不如予之。③

对此言论，虞卿极言其不可听，赵王再次陷于徘徊。《史记·虞卿传》再次记下楼缓之言：

虞卿得其一，不得其二。夫秦赵构难而天下皆说，何也？曰“吾且因强而乘弱矣”。今赵兵困于秦，天下之贺战胜者则必尽在于秦矣。故不如亟割地为和，以疑天下而慰秦之心。不然，

① 司马迁：《史记》卷七十六《虞卿传》。

② 相室：相国；宰相。古代为卿大夫管理家务的人。此处意为后者。

③ 司马迁：《史记》卷七十六《虞卿传》。

天下将因秦之怒，乘赵之弊，瓜分之。赵且亡，何秦之图乎？故曰虞卿得其一，不得其二。愿王以此决之，勿复计也。

对此言论，虞卿极言其不可听，并终于说动赵王。赵王“使虞卿东见齐王，与之谋秦。虞卿未返，秦使者已在赵矣。楼缓闻之，亡去”①。

赵郝之危言耸听，楼缓之言说诡异，尽在后人讥诮之中。包藏祸心，若贼公行，全然是救赵于水火的凌厉，何以瞬间没了踪影？

平常心看非常事，处变乱而不惊，哪还用赂或不赂？

事之一曰：“有富人王仲，致产千金。谓（公沙）穆曰：‘方今之世，以货自通，吾奉百万与子为资，何如？’对曰：‘来意厚矣。夫富贵在天，得之有命，以资求位，吾不忍也。’”②

事之二曰：“炀帝嗣位，（骨仪）迁尚书右司郎。于时朝政渐乱浊，货赂公行，凡当枢要之职，无问贵贱，并家累金宝。天下士大夫莫不变节，而仪励志守常，介然独立。”③

---

① 司马迁：《史记》卷七十六《虞卿传》。

② 范晔：《后汉书》卷八十二《公沙穆传》。

③ 魏征等：《隋书》卷三十八《骨仪传》。

统　心

叔父疏广做到了太子太傅，侄子疏受做到了太子少傅，叔侄二人都成了皇太子的师傅。

此时的疏广，面对汉宣帝刘询的问询，仍能言自肺腑。《汉书·疏广疏受传》载：

> 太子外祖父特进平恩侯许伯以为太子少，白使其弟中郎将舜监护太子家。上以问广，广对曰："太子国储副君，师友必于天下英俊，不宜独亲外家许氏。且太子自有太傅少傅，官属已备，今复使舜护太子家，视陋①，非所以广太子德于天下也。"上善其言……

此后，"太子每朝，因进见，太傅在前，少傅在后"。这委实让人羡慕。

① 视陋：见闻不广。

此时的疏受，在叔父征求他对一起退休的意见时，竟毫不含糊：

广谓受曰："吾闻'知足不辱，知止不殆'，'功遂身退，天之道'也。今仕官至二千石，宦成名立，如此不去，惧有后悔，岂如父子相随出关，归老故乡，以寿命终，不亦善乎？"受叩头曰："从大人议。"即日父子俱移病①。②

疏广、疏受塑像

① 移病：上书称病，求退之婉辞。

② 班固：《汉书》卷七十一《疏广疏受传》。

二人荣休还乡，得以寿终。

心驰骛，步难止。统心之难，难于上青天。诱惑之下，人是很难管住自己的，这也并非欲壑难填那样简单。上升时易生幻觉，下坡时易生幻灭，不动时又易幻想。能够看小、看轻、看淡如二疏者，能有几人？

明嘉靖年间，时为太子太保兼吏部尚书、武英殿大学士的严讷，“晨出理部事，暮宿直庐①，供奉青词②，小心谨畏，至成疾久不愈”。

久病不愈之下，严讷提出了退休，而且再没复出。“讷既归里，父母皆在。晨夕洁餐孝养，人以为荣。”

虽然有些被动，但他终于看轻、看淡，得以忠孝两全。“（讷）家居二十年卒，年七十有四。”③

被动如严讷者，又有多少？

鲁庄公病重，他的三个弟弟，庆父、叔牙和季友，开始有了不一样的举动。《左传·庄公三十二年》于此有云：

> 公疾，问后于叔牙，对曰：“庆父材。”问于季友，对曰：“臣以死奉般（按，即鲁庄公太子）。”公曰：“乡者④牙曰庆

---

① 直庐：旧时侍臣值班住宿之处。

② 青词：亦作“青辞”，道教举行斋醮献给上天的奏章祝文，用朱笔写在青藤纸上。

③ 张廷玉等：《明史》卷一百九十三《严讷传》。

④ 乡者：先前；刚才。

父材。”成季（按，即季友）使以君命命僖叔（按，即叔牙），待于鍼巫氏（按，鲁国大夫），使鍼季（按，即鍼巫氏）鸩之，曰：“饮此，则有后于鲁国；不然，死且无后。”饮之，归及逵泉而卒。立叔孙氏。

叔牙殒命了，庆父的幻想也破灭了，报复随之就开始了。《左传·庄公三十二年》于此接续云：

八月癸亥，（庄）公薨于路寝①。子般即位，次于党氏。冬十月己未，共仲（按，即庆父）使圉人荦贼②子般于党氏。成季奔陈。立闵公。

国君被弑，季友出奔，这时的庆父，虽有成为国君的幻觉，但为掩人耳目，他还是立了鲁闵公。《左传·闵公二年》云：

秋八月辛丑，共仲使卜齮（按，鲁大夫）贼（闵）公于武闱。成季以僖公适邾。共仲奔莒，乃入，立之。以赂求共仲于莒，莒人归之。及密，使公子鱼（按，鲁大夫）请。不许，哭而往③。共仲曰：“奚斯（按，即公子鱼）之声也。”乃缢。

---

① 路寝：正寝，古代天子、诸侯常居治事之所。

② 贼：弑杀。

③ 往：回来。

庆父的幻觉，把他带进深渊，导致了二次弑君。请活而不得，则导致了最终的幻灭，他只好自杀了事。其实此前的一年，就有人预测了他的命运。《左传 · 闵公元年》于此有云：

冬，齐仲孙湫（按，齐大夫）来省难①。书曰“仲孙”，亦嘉之也。仲孙归曰：“不去庆父，鲁难未已。”（齐桓）公曰：“若之何而去之？”对曰：“难不已，将自毙，君其待之。”

---

① 省难：探望慰问遇难者。

明　慎

明而察，则视野通透；审而慎，则决断不谬。

张雄飞已是参知政事，但家里依然很穷，元世祖忽必烈为此赐给他钱物。《元史·张雄飞传》于此有云：

> （元世祖）尝坐省中，诏趣召①之，见于便殿，谓雄飞曰："若卿，可谓真廉者矣。闻卿贫甚，今特赐卿银二千五百两、钞二千五百贯。"雄飞拜谢，将出，又诏加赐金五十两及金酒器。雄飞受赐，封识②藏于家。

日后奸佞矫诏，又来追夺这些钱物，这时，有人劝他去自辨。《元史·张雄飞传》于此接续云：

---

① 趣召：急召。

② 识：同"志"，标记。

雄飞曰："上以老臣廉，故赐臣，然臣未尝敢轻用，而封识以俟者，政虞今日耳，又可自辨乎？"

道生明，明生廉，廉生慎，慎生威，威而著，著而力，力而鼎，鼎而名。《元史 · 张雄飞传》云：

帝问处士罗英，谁可大用者，对曰："张雄飞真公辅器。"帝然之。命驿召雄飞至，问以方今所急，对曰："太子天下本，愿早定以系人心。闾阎小人有升斗之储，尚知付托，天下至大，社稷至重，不早建储贰①，非至计也。向使先帝知此，陛下能有今日乎？"帝方卧，矍然②起，称善者久之。

建议皇帝早立太子，雄飞明慎若是。《元史 · 张雄飞传》，**于此接续云：**

师野（按，即张师野，雄飞长子）宿卫东宫时，荆湖行省平章政事阿里海牙入觐，言之宰相（按，即雄飞），欲白皇太子，请以师野为荆南总管，雄飞固止之。归谓师野曰："今日欲有官汝者，汝宿卫日久，固应得官，然我方为执政，天下必以我私汝，我一日不去此位，汝辈勿望有官也。"

---

① 储贰：储副，太子。

② 矍然：惊惧状，急遽貌。

提醒儿子为官宜缓，雄飞明慎若是。

明察为性，审慎为格，进退裕如，无所蔑如。《左传·宣公二年》云：

> 晋灵公不君①……宣子（按，即赵盾）骤谏，公患之，使鉏麑（按，勇士名）贼之。晨往，寝门辟矣，（赵盾）盛服将朝。尚早，坐而假寐。麑退，叹而言曰："不忘恭敬，民之主也。贼民之主，不忠；弃君之命，不信。有一于此，不如死也。"触槐而死。

多次进谏，晋灵公不听，这非但没让赵盾消沉，反而促使他克勤克谨，尽忠为国。而鉏麑之死，则成为赵盾明慎不阿的注脚。

骊姬乱晋，导致晋国没了公族。《左传·宣公二年》接续云：

> 及（晋）成公即位，乃宦卿之適子（按，嫡子）而为之田，以为公族；又宦其余子（按，嫡子同母弟），亦为余子；其庶子为公行。晋于是有公族、余子、公行。赵盾请以（赵）括为公族，曰："君姬氏（按，即赵姬）之爱子也。微②君姬氏，则臣狄人（按，赵盾母为狄人）也。"公许之。冬，赵盾为旄车之族（按，即余子大夫），使屏季（按，即赵括）以其

① 不君：不行君道。

② 微：假若没有。

故族为公族大夫。

赵盾像（右二）

赵盾、赵括同父异母，关键时候赵盾不能忘记，是因为赵姬的坚持，他才回了晋国，也是因为赵姬的坚持，他才做了嫡子。对赵盾来说，让出嫡子的位置，甘心做一个余子，恰是明慎之举。

明慎糅忠孝，情怀为家国，余则皆其次也。明英宗即位，七十多岁的黄福在执掌南京兵部的同时，又“加少保，参赞南京守备襄城伯李隆机务”。《明史 · 黄福传》于此云：“留都文臣参机务，自福始。”在黄福和李隆共事的这段时间，有一个场景，让敬重黄福的杨士奇不解：黄福参赞南京时，尝坐李隆侧。杨士奇托人传话给黄福："岂有孤卿而旁坐者？"黄福的答复则是："焉有少保而赞守备者邪？"卒不变。但李隆待福甚恭，"公退，即推福上坐，福亦不辞"。

赵盾一生，可圈可点处甚多，而嫡子之让，最为动人。黄福、李隆，各各明慎谦让，实则为公耳。

病 懦

以懦为病，何耶？懦而生惧，惧而生病，甚至于亡，诟之病之，正有必要，非惟虚言。或曰懦因弱起，强而不懦，而非之若是，何耶？

袁绍谋诛董卓，与冀州牧韩馥结盟。《三国志·袁绍传》云：

> 后馥军安平，为公孙瓒所败。瓒遂引兵入冀州，以讨卓为名，内欲袭馥。馥怀不自安。会卓西入关，绍还军延津，因馥惶遽①，使陈留高幹、颍川荀谌等说馥曰……

一番游说，韩馥更加惶遽，决计把冀州让给袁绍。虽然手下谏止，但韩馥让意已决。《三国志·袁绍传》于此接续云：

> 馥素恇怯②，因然其计。馥长史耿武、别驾闵纯、治中李

---

① 惶遽：惊恐慌张。

② 恇怯：怯懦。

历谏馥曰……馥曰："吾，袁氏故吏，且才不如本初（按，袁绍字本初），度德而让，古人所贵，诸君独何病焉！"……乃让绍，绍遂领冀州牧。

因弱而让耶？且看前引其手下谏止之言："冀州虽鄙，带甲百万，谷支十年。袁绍孤客穷车，仰我鼻息，譬如婴儿在股掌之上，绝其哺乳，立可饿杀。奈何乃欲以州与之？"

弱乎强乎？何以不安？何以惶遽？又何以恇怯？让了之后，本应心安，但结果如何？《三国志·袁绍传》于此接续云：

韩馥像

当是时，豪侠多附绍，皆思为之报，州郡蜂起，莫不假其名。馥怀惧，从绍索去，往依张邈。后绍遣使诣邈，有所计议，与邈耳语。馥在坐上，谓见图构，无何起至溷自杀。

结果被吓死，这韩馥究竟是怎么了？

宋高宗禅位给宋孝宗，宋孝宗禅位给宋光宗，宋光宗禅位给宋宁宗。只不过宋光宗的禅位，并没有经过他本人的同意。《宋史·光宗本纪》云：

> （绍熙二年十一月）辛未，有事于太庙。皇后李氏杀黄贵妃，以暴卒闻。壬申，合祭天地于圜丘，以太祖、太宗配，大风雨，不成礼而罢。帝既闻贵妃薨，又值此变，震惧感疾，罢称贺，肆赦①不御楼。

从此以后，宋光宗非但不再视朝，就是到重华宫去看父亲宋孝宗，次数也越来越少了。《宋史·光宗本纪》于此接续云：“（绍熙四年九月）甲申，帝将朝重华宫，皇后止帝，中书舍人陈傅良引裾②力谏，不听。”

宋孝宗病重，宋光宗不去看望，朝臣“出城待罪”，但是没用，皇子嘉王哭泣哀求，也没有用。宋孝宗驾崩，宋光宗又不去临奠。《宋史·光宗本纪》于此接续云：“（绍熙五年七月）甲子，太皇太后以皇帝疾未能执丧，命皇子嘉王即皇帝位于重华宫之素幄，尊皇帝为太上皇帝，皇后为寿仁太上皇后，移御泰安宫。”

宋光宗是因弱而禅吗？何以震惧？何以不听？何以未能执丧？一懦成名，千古一帝，呜呼哀哉！

---

① 肆赦：缓刑，赦免。

② 引裾：拉住衣襟。

体　道

《诗》曰："皎皎白驹，在彼空谷。生刍一束，其人如玉。毋金玉尔音，而有遐心。"①

得道如驹，行道如玉，其人何如？咸与仰之。行而无道，步履维艰，有道不体，信马由缰。朝夕攻拔，无懈无怠，大道备焉，金玉得焉。

体道无外，恒一行之，表里一也。《隋书·张文诩传》云：

> 治书侍御史皇甫诞一时朝彦②，恒执弟子之礼。适至南台，遽饰所乘马，就学邀屈③。文诩每牵马步进，意在不因人以自致也。

---

① 《诗经·小雅·白驹》。

② 朝彦：朝廷俊才。

③ 邀屈：屈尊邀请。

弟子饰马邀师，文诩牵马步进，其翼翼何邪？

体道无隙，非止人前，亦在人后，终始一也。《隋书·张文诩传》于此接续云：

> 文诩尝有腰疾，会医者自言善禁，文诩令禁之，遂为刃所伤，至于顿伏床枕。医者叩头请罪，文诩遽遣之，因为其隐，谓妻子曰："吾昨风眩，落坑所致。"

医者失手，文诩隐之，其意欲何为？

体道在野，了无挂碍；体道在朝，心有碍不？《南齐书·王秀之传》云：

> 初，秀之祖裕，性贞正。徐羡之、傅亮当朝，裕不与来往。及致仕隐吴兴，与子瓒之书曰："吾欲使汝处不竞之地。"瓒之历官至五兵尚书，未尝诣一朝贵。江湛谓何偃曰："王瓒之今便是朝隐。"及柳元景、颜师伯令仆贵要①，瓒之竟不候②之。至秀之为尚书，又不与令③王检款接。

何以不来往，何以不候之，何以不款接？其三世朝隐，其居

① 令仆贵要：高官贵戚。

② 候：问候。

③ 令：尚书令。

官若何？

体道无细，细微之处，愈显大道。《晋书·刘寔传》云：

> （寔）尝诣石崇家，如厕，见有绛纹帐，裀褥甚丽，两婢持香囊。寔便退，笑谓崇曰：“误入卿内。”崇曰：“是厕耳。”寔曰：“贫士未尝得此。”乃更如他厕。

既来之则安之，何以此厕不入，而入他厕？

体道严严，处变不惊，谦谦君子，不得衄之。《晋书·刘寔传》于此接续云：

> 或谓寔曰：“君行高一世，而诸子不能遵。何不旦夕切磋，使知过而自改邪？”寔曰：“吾之所行，是所闻见，不相祖习，岂复教诲之所得乎！”世以寔言为当。

刘寔言不欺人，世人亦不以为不当，其何以落落如此？

体道须明，明则如玉，明则不危。《隋书·李士谦传》云其赈济穷苦事：

赵郡农民德之，抚其子孙曰：“此乃李参军（按，即李士谦）遗惠也。”或谓士谦曰：“子多阴德。”士谦曰：“所谓阴德者何？犹耳鸣，己独闻之，人无知者。今吾所作，吾子皆知，何阴德之有？”

耳鸣之喻，人人肺腑；士谦之言，岂非金玉？

体道之路，辛苦之路，得道之路。“（士谦）母曾呕吐，疑为中毒，因跪而尝之。……（士谦）诣学请业，研精不倦，遂博览群籍，兼善天文术数。”①“寔少贫苦，卖牛衣以自给。然好学，手约绳，口诵书，博通古今。清身洁己，行无瑕玷。”② “（秀之）父卒，为庵舍于墓下持丧，服阕复职。吏部尚书褚渊见秀之正洁，欲与结婚，秀之不肯……”③“文诩博览文籍，特精三礼，其《周易》《诗》《书》及《春秋》三传，并皆通习。”④

李士谦出财息讼图

以此观之，子所谓“人能弘道，非道弘人”⑤，亦不谬矣！

---

① 魏征等：《隋书》卷七十七《李士谦传》。

② 房玄龄等：《晋书》卷四十一《刘寔传》。

③ 萧子显：《南齐书》卷四十六《王秀之传》。

④ 魏征等：《隋书》卷七十七《张文诩传》。

⑤ 《论语·卫灵公》。

原　恕

恕有因果，所报非远。恕人者，亦或恕己。

耶律阿保机之前的契丹可汗都是部落联盟推举出来的，虽说老可汗死前遗命立耶律阿保机，但他燔柴告天，即的是皇帝位，这让他的弟弟们很不舒服。三年之后，他们开始叛乱反对他。《辽史·太祖本纪上》云：

> （辽太祖五年）五月，皇弟剌葛、迭剌、寅底石、安端谋反。安端妻粘睦姑知之，以告，得实。上不忍加诛，乃与诸弟登山刑牲①，告天地为誓而赦其罪。

第一次作乱，辽太祖饶恕了他们。

一年后，第二次作乱，辽太祖又饶恕了他们。《辽史·太祖本纪上》云：

---

① 刑牲：古时为祭祀或盟约而杀牲畜。

(辽太祖六年)冬十月戊寅,剌葛破平州,还,复与迭剌、寅底石、安端等反。……壬辰,(太祖)还次北阿鲁山,闻诸弟以兵阻道,引军南趋十七泺。是日燔柴①。翼日,次七渡河,诸弟各遣人谢罪。上犹矜怜,许以自新。

几个月后,他们第三次作乱,辽太祖再次选择了饶恕。《辽史·太祖本纪上》云:

(辽太祖七年)三月癸丑,(太祖)次芦水,弟迭剌哥图为奚王,与安端拥千余骑而至,绐称入觐。……遂拘之,以所部分隶诸军。而剌葛引其众至乙室堇淀,具天子旗鼓,将自立……剌葛遣其党寅底石引兵径趋行宫,焚其辎重、庐帐,纵兵大杀。

对此,辽太祖先是发怒说:"尔曹始谋逆乱,朕特恕之,使改过自新,尚尔②反覆,将不利于朕!"之后,"秣马休兵,若不为意"。

三次挫败叛乱,危险并没有消除,辽太祖却最终还是放过了他们。《辽史·太祖本纪下》云:"周公诛管、蔡,人未有能非之者。剌葛、安端之乱,太祖既贷其死而复用之,非人君之度乎?"

他在恕人,似也在恕己。悲天悯人,没那么容易!

---

① 燔柴:古代祭天仪式。将玉帛、牺牲等置于积柴之上而焚之。

② 尚尔:仍然;尚且如此。

但是，人怨者，或怨望。商人是齐桓公的儿子，即位的齐昭公潘，已是齐桓公第四个成为国君的儿子了。潘死之后，潘的儿子舍即位了。《左传·文公十四年》云：

子叔姬（按，鲁女）妃齐昭公，生舍。叔姬无宠，舍无威。公子商人骤施于国，而多聚士，尽其家，贷于公有司以继之。夏五月，昭公卒，舍即位。

几近崩溃的商人，杀了侄子舍。《左传·文公十四年》云：

秋七月乙卯，夜，齐商人杀舍，而让元（按，商人兄）。元曰："尔求之久矣。我能事尔，尔不可使多蓄憾，将免我乎？尔为之。"

广聚人气，又劝兄为君，于是"齐人定懿公"。即位的齐懿公商人，日后不断蓄憾，并因此而死于非命。《左传·文公十八年》云：

齐懿公之为公子也，与邴歜之父争田，弗胜。及即位，乃掘（歜父之墓）而刖之，而使歜仆。纳阎职之妻，而使职骖乘。夏五月，公游于申池。二人浴于池，歜以扑抶①职。职

① 抶：鞭打，笞。

怒。歜曰："人夺汝妻而不怒，一抶女，庸何伤！"职曰："与刖其父而弗能病者何如？"乃谋弑懿公，纳诸竹中。

齐懿公竹池遇变图

齐人宽恕商人，但是商人不只是迁怒于人，还加祸于己。齐人安定了商人的君位，商人安定了齐人的心了吗？

恕非细行，关涉甚巨，非止耶律，非止商人。《梁书·何点传》云：

> （何点）尝行经朱雀门街，有自车后盗点衣者，见而不言。傍有人擒盗与之，点乃以衣施盗，盗不敢受，点命告有司，盗惧，乃受之，催令急去。

这样的何点，是通脱的。

何点性至孝。其父何铄“素有风疾，无故害妻，坐法死。点年十一，几至灭性①”。

何点性怀忠。“（何点）从弟遁以东篱门园居之，稚珪（按，即孔稚珪，何点友）为筑室焉。园内有卞忠贞（按，即卞壶，谥忠贞）冢，点植花卉于冢侧，每饮必举酒酹之”。

何点有识见。“初，褚渊、王俭为宰相，点谓人曰：‘我作《齐书赞》，云：“渊既世族，俭亦国华；不赖舅氏，遑恤②国家。”’王俭闻之，欲候点，知不可见，乃止。”

何点有识鉴。“（点）知吴兴丘迟（按，文学家、政治家）于幼童，称济阳江淹（按，政治家、文学家）于寒素，悉如其言。”

---

① 灭性：因丧亲过哀而毁灭生命。

② 遑恤：哪有闲暇顾及。

南梁武帝下诏征点为侍中，点“辞疾不赴”。

其孝非细，其忠非细，其识非细，其鉴非细，其辞非细，凡此种种，与恕同体，其间因果，何可尽言！

商人不得立而怨，何点父母皆死非命，岂无怨乎？

德　淑

高欢的妻子娄氏是一位传奇人物。

她要自己找婆家。《北齐书·神武娄后传》云：

（娄后）少明悟，强族[1]多聘之，并不肯行。及见神武（按，即高欢）于城上执役，惊曰："此真吾夫也。"乃使婢通意，又数致私财，使以聘己，父母不得已而许焉。

她要自己面对生孩子时的危险。《北齐书·神武娄后传》接续云：

神武尝将西讨出师，后（按，即娄后）夜孳生一男一女，左右以危急，请追告神武。后弗听曰："王出统大兵，何得以我故轻离军幕。死生命也，来复何为！"

---

① 强族：豪门大族。

她要让出正室。《北齐书·神武娄后传》接续云：

> 神武逼于茹茹（按，即柔然），欲娶其女而未决。后曰："国家大计，愿不疑也。"及茹茹公主至，后避正室处之。神武愧而拜谢焉，曰："彼将有觉，愿绝勿顾。"

高欢将受魏禅，"后固执不许，帝所以中止"。她畅意，她明理，她也睿智。她的儿子高洋、高演、高湛相继成为北齐君主，丈夫高欢被追封神武帝，儿子高澄被追封文襄帝。

隋炀帝皇后萧氏，于无可奈何之时，能守住自己，留下清白的名声。《隋书·炀帝萧皇后传》云："帝每游幸，后未尝不随从。时后见帝失德，心知不可，不敢厝言，因为《述志赋》以自寄。"

等到局面离乱时，她既尽其所能，也顺其自然。《隋书·炀帝萧皇后传》接续有云：

> 及帝幸江都，臣下离贰①，有宫人白后曰："外闻人人欲反。"后曰："任汝奏之。"宫人言于帝，帝大怒曰："非所宜言！"遂斩之。后人复白后曰："宿卫者往往偶语②谋反。"后曰："天下事一朝至此，势已然，无可救也。何用言之，徒令

① 离贰：有叛离的心意。

② 偶语：相聚议论或窃窃私语。

帝忧烦耳。”自是无复言者。

隋朝灭亡，萧后没入突厥。“大唐贞观四年，破灭突厥，乃以

隋炀帝、萧皇后墓全景图

礼致之，归于京师。”① 她失意，她叹息，她遭蹂躏，但她活到八十一岁，最后被以皇后之礼安葬了。

守德难，失德易，死于失德之女性，亦常有之。比如，后唐庄宗皇后刘氏。《新五代史·庄宗神闵敬皇后刘氏传》云：

郭从谦反，庄宗中流矢，伤甚，卧绛霄殿廊下，渴欲得饮，后令宦官进飧酪，不自省视。庄宗崩，后与李存渥等焚嘉庆殿，拥百骑出师子门。后于马上以囊盛金器宝带，欲于太原造寺为尼。在道与存渥奸，及至太原，乃削发为尼。明宗入立，遣人赐后死。

危难之际，她不管丈夫死活，虽想造寺为尼，但又尽行污秽。得知自己被赐死的刘氏，感到无地自容了吗？想当年，她得到李存勖宠爱的时候，父亲前来投奔她。《新五代史·庄宗神闵敬皇后刘氏传》于此有云：

其父闻刘氏已贵，诣魏宫上谒。庄宗召袁建丰问之，建丰曰：“臣始得刘氏于成安北坞，时有黄须丈人护之。”及出刘叟示建丰，建丰曰：“是也。”然刘氏方与诸夫人争宠，以门望相高，因大怒曰：“妾去乡时，略可记忆，妾父不幸死于乱兵，妾时环尸恸哭而去。此田舍翁安得至此！”因命笞刘叟于宫门。

---

① 魏征等：《隋书》卷三十六《炀帝萧皇后传》。

刘氏出身卑微，却自视甚高。父亲来投奔，此时她非但高兴不起来，还生了自卑的感觉，竟为有这样的父亲而感到无地自容。

从逆流，人必弃之；拒逆流，人必怀之。董昌龄事吴元济，始为吴房令。董母杨氏，察元济之反迹，潜诫昌龄曰："顺逆之理，成败可知，汝宜图之。"①

正要行动，昌龄改署了郾城令。杨氏复诫昌龄曰："逆党欺天，天所不福。汝当速降，无以前败为虑，无以老母为念。汝为忠臣，吾虽殁无恨矣。"②

王师逼郾城，昌龄以城降，并说贼将归款。唐宪宗"闻之喜，急召昌龄至阙，真授郾城令、兼监察御史，仍赐绯鱼。昌龄泣谢曰：'此皆老母之训。'宪宗嗟叹良久"。③ 董母此时已被囚，但终被放回。

夜空中，女性之德淑如星光闪烁，照亮历史，也温暖人心，有时寒意袭来，人心会抖动，那是历史的嗟叹在回响。

---

① 刘昫等：《旧唐书》卷一百九十三《董昌龄母杨氏传》。

② 刘昫等：《旧唐书》卷一百九十三《董昌龄母杨氏传》。

③ 刘昫等：《旧唐书》卷一百九十三《董昌龄母杨氏传》。

酷 烈

重温那些酷烈时刻，依然会心有余悸。天灾抑或人祸，严酷、残酷，抑或冷酷，都能深切触动人之内心。

自然可谓严酷。《辽史·圣宗本纪七》云：

> （开泰七年）六月丙申，品打鲁瑰部节度使勃鲁里至鼻洒河，遇微雨，忽天地晦冥，大风飘四十三人飞旋空中，良久乃堕数里外。

如此极端天气，令人不寒而栗。但人之冷酷，时有甚于自然之严酷者。《北齐书·后主纪》云：

> （武平四年）六月，明彻（按，即吴明彻）进军围寿阳。壬子，（后主高纬）幸南苑，从官暍①死者六十人。以录尚书

① 暍：中暑。

事高阿那肱为司徒。丙辰，诏开府王师罗使于周。

而就在上个月，南陈将领吴明彻大败北齐，“遂陷秦、泾二州”，“进陷和、合二州”①，现在又进围寿阳。而高纬此时，先是到南苑游玩，之后任命奸臣高阿那肱为司徒。日后正是高阿那肱，“召周军，约生致齐主（按，即幼主高恒，高纬子），而屡使人告（幼主）言，贼军在远，已令人烧断桥路。太上（按，即太上皇，北齐后主高纬）所以停缓”②。于是高纬被生擒活捉。

六十人热死了，这是酷暑所致，还是冷酷所致？实在是匪夷所思！

人流离，人相食，天灾乎？人祸乎？兵连祸结，人何以活？《元史·文宗本纪二》云：

（天历二年夏四月）辛亥，赈邓州诸县被兵逃户粮三千六百石。壬子，赈通州诸县被兵之民粮两月，被俘者四千五百一十人，命辽阳行省督所属簿录，护送归其家。丙辰……河南廉访司言：“河南府路以兵、旱民饥，食人肉事觉者五十一人，饿死者千九百五十人，饥者二万七千四百余人。”

同声相应，同恶相求。人残人，何太急？《魏书·尔朱荣

① 李百药：《北齐书》卷八《后主纪》。
② 李百药：《北齐书》卷八《幼主纪》。

传》云：

（武泰元年四月）十一日，荣奉帝（按，即元子攸，北魏孝武帝）为主，诏以荣为使持节、侍中、都督中外诸军事、大将军、开府、兼尚书令、领军将军、领左右，太原王，食邑二万户。十二日，百官皆朝于行宫。十三日，荣惑武卫将军费穆之说，乃引迎驾百官于行宫西北，云欲祭天。朝士既集，列骑围绕，责天下丧乱，明帝卒①崩之由，云皆缘此等贪虐，不相匡弼所致。因纵兵乱害，王公卿士皆敛手就戮，死者千三百余人，皇弟、皇兄并亦见害，灵太后（按，即胡太后，北魏孝明帝母）、少主（按，即元钊）其日暴崩。

这么多朝廷官员，竟死于诓骗，死于束手，闻所未闻，令人瞠目！尔朱荣跋扈，其所拥立的元子攸，对他甚是畏恶，且阴欲图之。建义三年九月，“荣之入洛，有人告荣，云帝欲图之。荣即具奏，帝曰：‘外人告云亦言王欲害我，我岂信之？’于是荣不自疑……”② 不久元子攸设伏斩杀了他，两个儿子也同时被杀。

如果说元子攸杀尔朱荣是被逼无奈，那么刘晟杀尽他的兄弟，酷烈至于身边无辜之伶人，则是残虐到了荒唐的地步。《新五代史·南汉世家》云：“（刘晟）常夜饮大醉，以瓜置伶人尚玉楼项，

---

① 卒：同“猝”。

② 魏收：《魏书》卷七十四《尔朱荣传》。

拔剑斩之以试剑，因并斩其首。明日酒醒，复召玉楼侍饮，左右白已杀之，晟叹息而已。”

刘晟的儿子刘𬬮即位后，残虐至于阉割朝臣，则于刘晟又有过之而无不及了。《新五代史·南汉世家》云：“至𬬮尤愚，以谓群臣皆自有家室，顾子孙，不能尽忠，惟宦者亲近可任，遂委其政于宦者龚澄枢、陈延寿等，至其群臣有欲用者，皆阉然后用。”

等到北宋的军队打到广州，“𬬮尽焚其府库，将赴火而死。既而不能引决，寻为王师所擒，举族迁于京师”①。

---

① 薛居正等：《旧五代史》卷一百三十五《僭伪传》。

违　忤

顺人人悦，逆人人沮。逆顺之间，是自出胸臆，还是俯仰由人，并不容易。有时骨鲠在喉，不得不吐，吐了之后，虽损犹快。

赵构躲到扬州，被金将粘罕所窥伺，宰臣汪伯彦、黄潜善不以为意。赵构召集百官商议时，有人“请上南巡，阻江为守”，有人认为“敌势方张，宜且南渡”。《宋史·张守传》于此有云：“守独抗疏，上防淮渡江利害六事，又别疏言金人犯淮甸之路有四，宜择四路帅守缮兵储粟以捍御之。疏再上，又请诏大臣惟以选将治兵为急，凡不急之务，付之都司、六曹。”

张守的主张，自是不合时宜，自是被人忌恨。“二相（按，即汪伯彦、黄潜善）滋不悦，遂建议遣守抚谕京城，守闻命即就道。”① 但金人终究是来了，赵构终究是跑了，“维扬之变”终究是发生了。

从一次上疏，可以看出其憔悴的内心：

---

① 脱脱等：《宋史》卷三百七十五《张守传》。

> 陛下处宫室之安，则思二帝、母后穹庐毳幕之居；享膳羞之奉，则思二帝、母后膻肉酪浆之味；服细暖之衣，则思二帝、母后穷边绝塞之寒苦；操与夺①之柄，则思二帝、母后语言动作受制于人；享嫔御之适，则思二帝、母后谁为之使令；对臣下之朝，则思二帝、母后谁为之尊礼。思之又思，兢兢栗栗，圣心不倦，而天下不为之助顺者，万无是理也。②

这些文字，痛彻肺腑！此等心情日月可鉴，所以他闻命就道，心无曲回，股栗欲堕。

念兹在兹，看似出离众意，实则人意归焉。李峤由监察御史甫迁给事中，此时，一件难事来了。《新唐书·李峤传》云：

> 会来俊臣构狄仁杰、李嗣真、裴宣礼等狱，将抵死，敕峤与大理少卿张德裕、侍御史刘宪覆验③，德裕等内知其冤，不敢异。峤曰："知其枉不申，是谓见义不为者。"卒与二人列其枉，忤武后（按，即武则天，时已称帝）旨，出为润州司马。

---

① 与夺：赐予和剥夺；奖励和惩罚。

② 脱脱等：《宋史》卷三百七十五《张守传》。

③ 覆验：复核。

念兹在兹，看似不近人情，实则源于公心。段铿性倾巧，但姚苌爱其博识，引为侍中。尹纬固谏以为不可，而姚苌不从。于是，尹纬屡次于众中羞辱段铿。《晋书·姚兴载记下》有如下对话：

苌（按，即姚苌，后秦国君）闻而谓纬曰："卿性不好学，何为憎学者？"纬曰："臣不憎学，憎铿不正耳。"苌因曰："卿好不自知，每比萧何，真何如也？"纬曰："汉祖与萧何俱起布衣，是以相贵。陛下起贵中，是以贱臣。"苌曰："卿实不及，胡为不也？"纬曰："陛下何如汉祖？"苌曰："朕实不如汉祖，卿远萧何，故不如甚也！"纬曰："汉祖所以胜陛下者，以能远段铿之徒故耳。"苌默然，乃出铿为北地太守。

念兹在兹，看似难于理解，实则源于性情。崔洪"少以清厉显名，骨鲠不同于物，人之有过，辄面折之，而退无后言"。《晋书·崔洪传》云：

洪口不言货财，手不执珠玉。汝南王亮（按，即司马亮）常宴公卿，以琉璃盅行酒。酒及洪，洪不执。亮问其故，对曰："虑有执玉不趋之义故尔。"然实乖其常性，故为诡说。

其性若是，其行若不是，亦难矣哉！

《宋史·洪皓传》载：

洪皓画像

（洪皓）少有奇节，慷慨有经略四方志。登政和五年进士第。王黼、朱勔皆欲婚之，力辞。

宣和中，（皓）为秀州司录。大水，民多失业，皓白郡守以拯荒自任，发廪损直以粜。……浙东纲米过城下，皓白守邀留之，守不可，皓曰：“愿以一身易十万人命。”人感之切骨，号“洪佛子”。其后秀军叛，纵掠郡民，无一得脱，惟过皓门曰：“此洪佛子家也。”不敢犯。

其力辞婚姻，其感人切骨，乃至叛军不敢犯，皆因节奇，皆因违忤。而违忤之甚，莫过于违诏。《旧五代史·王权传》云：

高祖（按，即石敬瑭，后晋高祖）登极，（权）转兵部尚书。天福中，命权使于契丹，权以前世累为将相，未尝有奉使而称陪臣者，谓人曰：“我虽不才，年今耄矣，岂能远使于契丹乎！违诏得罪，亦所甘心。”由是停任。

长太息以掩涕兮，哀民生之多艰。在并不太平的时候，违忤是一种多么可贵的品质！

报　怨

怨为何物？何谓之报？以怨报怨，怨被万里；以德报怨，德被千古；以怨报德，不齿于人！

毕众敬被怂恿，矫命行了兖州事；又被怂恿，擅杀了不少无辜。《魏书·毕众敬传》云：

> 州内悉附，唯东平太守申纂据无盐城不与之（按，即毕众敬）同。及彧（按，即刘彧，刘宋明帝）平子勋（按，即刘子勋，刘宋孝武帝刘骏子），授纂兖州刺史。……会有人发众敬父墓，遂令其母骸首散落。众敬发哀行服，拷掠近墓细民，死者十余人。又疑纂所为……亦遣人密至济阴，掘纂父墓以相报答。

结下梁子，非由申纂；父墓被发，仅凭揣测便行报复。

刘宋亡国，毕众敬降魏。慕容白曜克无盐，申纂被掳。《魏书·毕众敬传》于此有云：

白曜无杀纂之意，而城中火起，纂创重不能避，为火所烧死。众敬闻克无盐，惧不杀纂，乃与白曜书，并表朝廷，云："家之祸酷，皆由于纂。"闻纂死，乃悦。

恐纂不死，双管齐下，后闻其死，则欣欣然。但是，众敬由怨到恨，由恨到惧，由惧到悦，盘踞他内心的并非喜悦，而是惶恐和惆怅。

以怨报怨，乃人性之恶，既经催生，也会花样翻新，令人瞠目。《史记·范雎传》载："须贾辞于范雎，范雎大供具，尽请诸侯使，与坐堂上，食饮甚设。而坐须贾于堂下，置莝豆①其前，令两黥徒夹而马食之。"

在此之前，须贾已经吓出冷汗。在秦为相的范雎，已改名张禄，但魏并不知情，作为魏使的须贾，自然也不知情。范雎微服见他，他还感慨："范叔（按，即范雎）一寒如此哉！"

之后，范雎为他驾车，去见"张禄"。才到门前，范雎诈称通报，先行离开，门人告诉他："乃吾相张君也。"② 此时，"须贾大惊，自知见卖，乃肉袒膝行，因门下人谢罪。于是范雎盛帷帐，侍者甚众，见之。须贾顿首言死罪……"

何以言死罪？原来，范雎在魏之时，曾作为随从，陪须贾使齐。《史记·范雎传》于此有云：

---

① 莝豆：草料、饲料。

② 司马迁：《史记》卷七十九《范雎传》。

> 留数月，未得报。齐襄王闻睢辩口，乃使人赐睢金十斤及牛酒，睢辞谢不敢受。须贾知之，大怒，以为睢持魏国阴事告齐，故得此馈，令睢受其牛酒，还其金。

回国之后，须贾怒气未消，又把这事告诉了魏相，魏相手下一番毒打，差点儿把范睢打死。

但这岂能成了须贾的死罪？极度惊吓之中，他受辱回国去了。

《宋史·王德传》载：苗、刘兵变之时，王德“以军属光世（按，即刘光世）”，苗、刘败走，“诏德（按，即王德）追击，隶韩世忠”。“德欲自致功名，而世忠（按，即韩世忠）必欲德为之使，遣亲将陈彦章邀德于信州。彦章拔佩刀击德，德杀彦章，尸诸市。……世忠讼其擅杀，下台狱，侍御史赵鼎按德当死，帝命特原之，编管郴州。”

四年之后，王德、韩世忠再次相见。《宋史·王德传》于此接续云：

> （绍兴）三年，光世宣抚江、淮，当移屯建康，命韩世忠代之。德从数十骑自京口逆①世忠，度将及麾下，徒步立道左，抗言曰：“擅杀陈彦章，王德迎马头请死。”世忠下马握其手曰：“知公好汉，向来纤介不足置怀。”乃设酒尽欢而别。

---

① 逆：迎接。

陈寔像

从杀人到请死，从讼其擅杀到握手言欢，不见怨怨相报，只有以德报怨，王德、韩世忠，确非平常之人！《后汉书·陈寔传》云：“时有杀人者，同县杨吏以疑寔，县遂逮系，考掠①无实，而后得出。及为督邮，乃密托许（按，寔为颍川许人）令，礼召杨吏。”

内心扭曲，以怨报德，亦不鲜见。司马消难是北齐北豫州刺史，在北齐文宣帝高洋末年，他联络投周，“请举州来附”。但是，请不要忘记，“其妻高氏，齐神武（按，即高欢）之女”。②

在北周，他是交州总管。杨坚辅政时，他又举兵反叛，“使其

① 考掠：拷打。

② 令狐德棻等：《周书》卷二十一《司马消难传》。

子泳质于陈以求援”。但是，请不要忘记，司马消难纳女为静帝后。

归陈之后，“陈宣帝以（消难）为都督安随九州八镇、车骑将军、司空、随公。”《周书·司马消难传》于此接续云：“及陈平，消难至京，特免死，配为乐户。经二旬放免。犹被旧恩，特蒙引见。寻卒于家。”但是，请不要忘记，其之所以还受待见，原因仅在于，消难与杨忠“结为兄弟，情好甚笃”，隋文帝每以叔礼事之。

消难叛齐叛周归隋，其反复无常，其变诈多端，正所谓以怨报德者也！

训 家

子欲养而亲不待，已足令人惆怅；父欲除而心不忍，则尤令人感怆。

《隋书·李穆传》云：

> 宇文护执政，穆兄远及其子植俱被诛，穆当从坐。先是，穆知植非保家之主，每劝远除之，远不能用。及远临刑，泣谓穆曰："显庆（按，李穆字显庆），吾不用汝言，以至于此，将复奈何！"穆以此获免，除名为民，及其子弟亦免官。

李植究竟犯了什么事，而令叔父李穆深怀不安，以至于多次劝说其父除掉他？《周书·李远传》于此有云：

> 及晋公护（按，即宇文护）执权，（植）恐不被任用，乃密欲诛护。……谋颇漏泄，护知之，乃出植为梁州刺史。寻而废帝（按，即宇文觉，北周孝闵帝），召远及植还朝。

回到京师，宇文护与李远相见，谓之曰："公儿遂有异谋，非止屠戮护身，乃是倾危宗社。叛臣贼子，理宜同疾，公可早为之所。"并将李植交给李远。

之后李植虽然骗过了父亲，却过不了宇文护这一关。《周书·李远传》于此有云：

> 远素钟爱于植，植又口辩①，乃云初无此谋。远谓为信然。诘朝，将植谒护，护谓植已死，乃曰："阳平公（按，即李远）何意乃自来也?"左右云："植亦在门外。"护大怒曰："阳平公不信我矣!"乃召入，仍命远同坐，令帝与植相质②于远前。植辞穷，谓帝曰："本为此谋，欲安社稷，利至尊耳。今日至此，何事云云。"远闻之，自投于床曰："若尔，诚合万死。"于是护乃害植，并逼远令自杀。

李远之死，既是惑于爱而信，亦是疏于管而教。一人之事而祸及家族，李植之死鄙矣。

李穆非止明察于前，亦能骇人于后。《隋书·李穆传》云："植弟淅州刺史基，当坐戮，穆请以二子代基之命，护（按，即宇文护）义而两释焉。"

隋文帝开皇六年，李穆薨于其第，寿享七十七，可谓善终。

---

① 口辩：能言善辩。

② 相质：彼此询问，对质。

家之难训，非止难察，亦难掌控也。李植谋泄于外，而雍纠则谋泄于内。《左传·桓公十五年》云：

祭仲专，郑伯（按，即郑厉公）患之，使其婿雍纠杀之。将享诸郊。雍姬（按，雍纠之妻）知之，谓其母曰："父与夫孰亲?"其母曰："人尽夫也，父一而已，胡可比也?"遂告祭仲曰："雍氏（按，即雍纠）舍其室而将享子于郊，吾惑之，以告。"祭仲杀雍纠，尸诸周氏（按，郑大夫）之汪。公（按，即郑厉公）载以出，曰："谋及妇人，宜其死也。"

郑厉公之谋，亦是雍纠之谋，而雍纠之谋，成了雍姬之惑，雍姬之惑，则又为其母之谋。雍纠之死，郑厉公之亡命，确乎源于此惑也。

雍纠之死，事出非常，而班固之死，则情由必然。《后汉书·班固传》云：

固不教学诸子，诸子多不遵法度，吏人苦之。初，洛阳令种兢尝行，固奴干其车骑，吏椎呼之，奴醉骂，兢大怒，畏宪（按，即窦宪）不敢发，心衔之。及窦氏宾客皆逮考，兢因此捕系固，遂死狱中。时年六十一。

其子不守法，其奴亦悖慢，其死关乎其奴，亦关乎其子，家风使然，由不得不死。由是观之，其不教子，亦不能教奴，其死

班固像

虽可悯，其事亦足戒。

《后汉书·班固传》于此接续云：“固伤迁（按，即司马迁）博物洽闻，不能以智免极刑；然亦身陷大戮，智及之而不能守之。呜呼，古人所以致论于目睫也！”

家风之良，源于上下有序；上下有序，盖源其身之正；其身正，则不令而行。先看张母。《梁书·张缅传》云：“缅（按，时为武陵太守）母刘氏，以父没家贫，葬礼有阙，遂终身不居正室，不随子入官府。”

再看张缅。《梁书·张缅传》云：“缅在郡所得禄俸不敢用，乃至妻子不易衣裳，及还都（按，缅时为太子洗马、中舍人），并供其母赈赡亲属，虽累载所蓄，一朝随尽，缅私室常阒然①如贫素者。”

家风之良，没有纵容，没有含混，没有苟且，也没有一时之兴起。《明史·邝埜传》云：

---

① 阒然：寂静的样子。

（楚）父子辅为句容教官，教楚甚严。楚在陕久，思一见父，乃谋聘父为乡试考官。父怒曰："子居宪司，而父为考官，何以防闲①？"驰书责之。楚又尝寄父褐，复贻书责曰："汝掌刑名②，当洗冤释滞，以无忝任使，何从得此褐，乃以污我。"封还之。楚奉书跪诵，泣受教。

邝楚六十五岁时，随明英宗北征，虽然坠马伤重，但他一路谏止回銮。等到土木堡之变，英宗被俘，他则死于是役。

① 防闲：防备约束。

② 刑名：法律。

学 行

《论语·子罕》:“子在川上曰:逝者如斯夫,不舍昼夜。”

《旧唐书·柳仲郢传》云:“仲郢以礼法自持,私居未尝不拱手,内斋未尝不束带。三为大镇,厩无名马,衣不熏香。退公布卷,不舍昼夜。”其学不舍昼夜,其行拱手束带,学行一也。

《魏书·宋繇传》云:“(繇)家无余财,雅好儒学,虽在兵难之间,讲诵不废,每闻儒士在门,常倒屣出迎,停寝政事,引谈经籍。尤明断决,时事亦无滞也。”其讲诵不废,其时事无滞,学行一也。

《魏书·宋繇传》接续云:“沮渠蒙逊(按,北凉君主)平酒泉,于繇室得书数千卷,盐米数十斛而已。蒙逊叹曰:‘孤不喜克李歆,欣得宋繇耳。’拜尚书吏部郎中,委以铨衡之任。”其寒素若此,其富有若此,学行一也。

《陈书·岑之敬传》云:

之敬年五岁,读《孝经》,每烧香正坐,亲戚咸加叹异。

年十六，策《春秋左氏》、制旨《孝经》义，擢为高第。御史奏曰：“皇朝多士，例止明经，若颜（按，即颜回）、闵（按，即闵子骞）之流，乃应高第。”梁武帝省其策曰：“何妨我复有颜、闵邪？”因召入面试。令之敬升讲座，敕中书舍人朱异执《孝经》，唱“士孝章”，武帝亲自论难。之敬剖释纵横，应对如响，左右莫不嗟服。

之敬始以经业进，而博涉文史，雅有词笔，不为醇儒①。性谦谨，未尝以才学矜物②，接引后进，恂恂如也。每忌日营斋，必躬自洒扫，涕泣终日，士君子以笃行称之。

其少也学，其长也第，其论孝若此，其行孝若此，学行一也。《宋史·张浚传》云：

时金骑充斥，王权兵溃，刘锜退归镇江，遂改命浚判建康府兼行宫留守。浚至岳阳，买舟冒风雪而行，遇东来者云：“敌兵方焚采石，烟炎涨天，慎无轻进。”浚曰：“吾赴君父之急，知直前求乘舆所在而已。”时长江无一舟敢行北岸者。浚乘小舟径进，过池阳，闻亮（按，即完颜亮，金海陵王）死，余众犹二万屯和州。李显忠兵在沙上，浚往犒之，一军见浚，以为从天而下。浚至建康，即牒通判刘子昂办行宫仪物，请

① 醇儒：学识精粹纯正之儒者。

② 矜物：待人处世傲慢。

乘舆（按，即赵构，宋高宗）亟临幸。

南宋高宗、孝宗朝，抗金如岳飞、刘光世、韩世忠、刘锜者，位皆张浚之下，其赴君父之急，正是南宋风雨飘摇之际。《宋史·张浚传》云：

（宋高宗绍兴）十六年，彗星出西方，浚将极论时事，恐贻母忧。母讶其瘠，问故，浚以实对。母诵其父对策之语曰："臣宁言而死于斧钺，不能忍不言以负陛下。"浚意乃决。上疏谓："当今事势，譬如养成大疽于头目心腹之间，不决不止……"

其极论时事，其上疏论事，学行一也。

《宋史·张浚传》最后云：

浚事母以孝称，学邃于《易》，有《易解》及《杂说》十卷，《书》《诗》《礼》《春秋》《中庸》亦各有解，文集十卷，奏议二十卷。

其学邃如此，其冒风雪行，其恐贻母忧，学行一也。

学非止使人洁素，非止使人行正，亦可使人嫉恶如仇，使人嫉非如寇。

《旧唐书·柳仲郢传》有云："纥干泉（按，时为中书舍人）诉表甥刘诩殴母，诩为禁军小校，仲郢（按，时为京兆尹）不俟奏下，杖杀。”

跨朝越代，至于明末，《明儒学案·诸儒学案上四》“周瑛”条下，记周瑛与李大厓书中之言：“……（学者）既复本原，则于处善亦安，循理亦乐，至于患难事变，虽以死易生，亦甘心为之。”此为儒生周瑛之悟，亦为儒生宗羲之悟。

黄宗羲像

宗羲之父尊素，官至御史，以劾魏阉死于诏狱。明思宗即位，宗羲进京讼冤。《清史稿·黄宗羲传》于此有云：

> （宗羲）至则逆阉已磔，即具疏请诛曹钦程、李实。会廷鞫许显纯、崔应元，宗羲对簿，出所袖锥锥显纯，流血被体；又殴应元，拔其须，归祭尊素神主前；又追杀牢卒叶咨、颜文仲，盖尊素绝命于二卒手也。时钦程已入逆案，实（按，即李实）疏辨原疏非己出，阴致金三千，求宗羲弗质，宗羲立奏之，谓：“实今日犹能贿赂公行，其所辨岂足信？”于对簿时复以锥锥之。

一锥至于再锥，一殴至于再殴，宗羲之行，何其刚烈！

曲 直

君子以直不以曲，小人以曲不以直。“管夷吾（按，即管仲）以编栈谕之，信曲与直不相函哉！”①

唐玄宗曾赞崔隐甫：“卿为大夫，天下以为称职。”玄宗想重用隐甫，但是隐甫并不买皇帝的账。《新唐书·崔隐甫传》云：

> 始，帝欲相隐甫也，谓曰：“牛仙客（按，时为宰相，凡事依李林甫）可与语，卿常见否？”对曰：“未也。”帝曰：“可见之。”隐甫终不诣。他日又问，对如初。帝乃不用。子弟或问故，答曰：“吾不以其人微易之也，其材不逮中人，可与之对耶？”

其实，玄宗刚即位时，就在隐甫面前丢过面子。《新唐书·崔隐甫传》云：

---

① 欧阳修、宋祁：《新唐书》卷一百三十《崔隐甫传》。

> 梨园弟子胡雏善笛，有宠，尝负罪匿禁中。帝以他事召隐甫（按，时为洛阳令），从容指曰：“就卿丐此人。”对曰：“陛下轻臣而重乐工，请解官。”再拜出，帝遽谢，与胡雏，隐甫杀之，有诏贳死①，不及矣。

其强正若是，其洁介若是，其不可虚与委蛇若是。

胡叟乃性情中人，受韦祖思轻待，先是“拂衣而出”，后竟“不坐而去”。《魏书·胡叟传》云：

> 以姚政（按，即姚苌之后秦）将衰，（叟）遂入长安观风化，隐匿名行，惧人见知。时京兆韦祖思，少阅典坟，多蔑时辈，知叟至，召而见之。祖思习常②，待叟不足，叟聊与叙温凉，拂衣而出。
>
> 祖思固留之，曰：“当与君论天人之际，何遽而反乎？”叟对曰：“论天人者其亡久矣，与君相知，何夸言若是也。”遂不坐而去。

胡叟终究是君子，其言也直其行也直；韦祖思终究是小人，其前也倨其后也恭。君子小人两两相对，此直彼曲昭然若揭。

《三国志·贾逵传》云：

---

① 贳死：免死。

② 习常：遵循常礼。

贾逵像

太祖（按，即曹操）崩洛阳，逵典丧事。时鄢陵侯彰（按，即曹彰，曹丕弟）行越骑将军，从长安来赴，问逵先王玺绶所在。逵正色曰：“太子（按，即曹丕）在邺，国有储副。先王玺绶，非君侯所宜问也。”遂奉梓宫还邺。

曹魏明帝太和二年，曹魏攻吴，曹休轻进战败。《三国志·贾逵传》云：

诸将不知所出，或欲待后军。逵曰：“休兵败于外，路绝于内，进不能战，退不得还，安危之机，不及终日。贼以军无后继，故至此；今疾进，出其不意，此所谓先人以夺其心也，贼见吾兵必走。若待后军，贼已断险，兵虽多何益！”乃兼道进军，多设旗鼓为疑兵，贼见逵军，遂退。逵据夹石，以兵粮给休，休军乃振。

初，逵与休不善。黄初中，文帝（按，即曹丕，曹魏文帝）欲假逵节，休曰："逵性刚，素侮易诸将，不可为督。"帝乃止。及夹石之败，微逵，休军几无救也。

贾逵以直，自不待言。曹休以曲，亦自不待言。

居庙堂之高，隐甫、贾逵是也；处江湖之远，胡叟之俦是也。以直不以曲，其质一也。

有　悔

亢龙有悔，亢虎亢豹亦或有悔。既有悔，就有代价，这代价，或许就是生命。

青年张敬儿无人敌。《南齐书·张敬儿传》云：

> （敬儿）随同郡人刘胡领军伐襄阳诸山蛮，深入险阻，所向皆破。又击湖阳蛮，官军引退，蛮贼追者数千人，敬儿单马在后，冲突贼军，数十合，杀数十人，箭中左腋，贼不能抗。

刘宋桂阳王刘休范反，张敬儿献计诈降擒之：

> 敬儿相与出城南，放杖走，大呼称降。休范喜，召至舆侧，回（按，即黄回）阳致太祖（按，即萧道成，南齐高帝）密意，休范信之。回目敬儿，敬儿夺取休范防身刀，斩休范首，休范左右数百人皆惊散，敬儿驰马持首归新亭。

之后，敬儿求官不已，亢奋之心渐浓：

太祖以敬儿人位既轻，不欲便使为襄阳重镇，敬儿求之不已，乃微动太祖曰："沈攸之在荆州，公知其欲何年作？不出敬儿以防之，恐非公之利也。"太祖笑而无言，乃以敬儿为持节、督雍梁二州郢司二郡军事、雍州刺史，将军如故，封襄阳县侯，二千户。

之后，敬儿败沈攸之，亢奋之心愈烈：

（敬儿）诛攸之亲党，没入其财物数十万，悉以入私。攸之于汤渚村自经死，居民送首荆州，敬儿使楯擎之，盖以青伞，徇诸市郭，乃送京师。

之后，敬儿亢奋之心愈发不可收拾，敬畏之心荡然无存：

敬儿于襄阳城西起宅，聚财货。又欲移羊叔子（按，即羊祜，字叔子）堕泪碑，于其处立台，纲纪谏曰："羊太傅遗德，不宜迁动。"敬儿曰："太傅是谁？我不识也。"

之后，巫觋来矣，神智乱矣，其命危矣，其悔亦来矣：

妻谓敬儿曰："昔时梦手热如火，而君得南阳郡。元徽

（按，刘宋后废帝刘昱年号）中，梦半身热，而君得本州。今复梦举体热矣。”有阉人闻其言，说之。事达世祖（按，即萧赜，南梁世祖）。敬儿又遣使与蛮中交关，世祖疑其有异志。永明元年，敕朝臣华林八关斋，于坐收敬儿。敬儿左右雷仲显知有变，抱敬儿而泣。敬儿脱冠貂投地曰：“用此物误我。”少日，伏诛。

张敬儿像

之后数年，萧赜亦“悔杀之”。但于敬儿言，又有何补！

言行得乎其正，岂能有悔？言行不得其正，岂能无悔？《明史·于慎行传》云：张居正“夺情①，偕同官俱疏谏。吕调阳格之，不得上。居正闻而怒，他日谓慎行曰：‘子吾所厚，亦为此耶？’慎行从容对曰：‘正以公见厚故耳。’”

前于此，“御史刘台以劾张居正被逮，僚友悉避匿，慎行独往视之”。后于此，“居正已败，侍郎丘橓往籍②其家。慎行遗书，

① 夺情：夺服。

② 籍：籍没。

言居正母老，诸子覆巢之下，颠沛可伤，宜推明主帷盖恩，全大臣簪履①之谊”。

居正地下有知，当有悔否？

木华黎赏识石天应，让他留守葭芦。天应“遂造舟楫，建浮桥。诸将多言水涨波恶，恐劳费无功，天应下令曰：‘有沮吾事者，断其舌！’桥成，诸将悦服”②。

之后其立誓报国：“吾年垂六十，老耄将至，一旦卧病床第，闻后生辈立功名，死不瞑目矣。男儿要当死战阵以报国，是吾志也！”③ 其亢奋动天地，其精神弥足贵！

但是，关键时刻，他错用将领，遣骁将吴泽伏击金军。“泽勇而嗜酒，是夕，方醉卧林中，金兵由间道已直抵城下。时兵烬后，守具未完，新附者争缒而去，敌乘隙入。天应见火举，知敌已入，奋身角战，左右从者四十余骑，皆曰：‘吴泽误我。’……少顷，敌兵四合，天应饮血力战，至日午，死之。”④ 命丧疆场，悔之晚矣。

---

① 簪履：簪笄和鞋子，常以喻卑微旧臣。

② 宋濂等：《元史》卷一百四十九《石天应传》。

③ 宋濂等：《元史》卷一百四十九《石天应传》。

④ 宋濂等：《元史》卷一百四十九《石天应传》。

变 诈

变诈之事时有发生，窃喜窃悲窃惊，亦时常有之。变诈是智也是伪，是巧也是拙。

宜阳本是韩邑，却被秦盯上，但韩楚有盟，秦不敢妄动。这时秦人冯章对秦武王说："不拔宜阳，韩、楚乘吾弊，国必危矣！不如许楚汉中以欢之。楚欢而不进，韩必孤，无奈秦何矣！"①

秦武王称善，派冯章游说楚怀王，趁机拿下宜阳，楚向秦讨要汉中。这时，冯章又对秦武王说："王遂亡臣。"②

于是冯章诈逐。秦武王因谓楚王曰："寡人固无地而许楚王。"③

元人吴师道之《战国策校注》于此有论："战国变诈多此类，岂暇虑后耶！"

---

① 《战国策》卷四《宜阳之役》。

② 《战国策》卷四《宜阳之役》。

③ 《战国策》卷四《宜阳之役》。

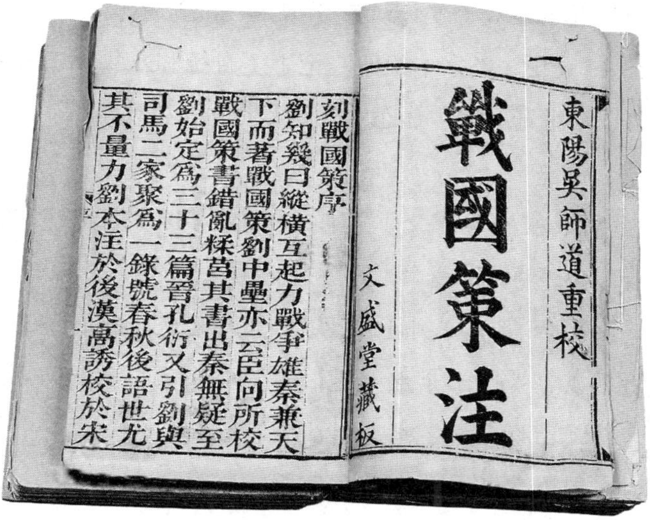

《战国策》书名书影

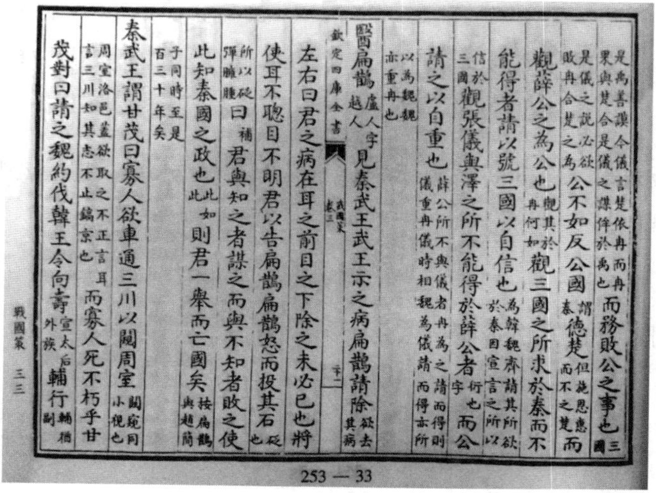
是爲善謀今儀言楚依冉而冉果與楚合是儀之謀伸於爲也而務敗公之事也三國
是儀之說必欲敗冉合楚之爲公不如反公國謂秦德楚但施恩惠而不之楚而
觀薛公之爲公也觀其於冉何如觀三國之所求於秦而不
能得者請以號三國以自信也爲韓魏齊請其所欲於秦因宣言之所以
信於三國觀張儀與澤之所不能得於薛公者衍字也而公
請之以自重也薛公所不與儀者冉爲之請而得則儀重冉儀時相魏爲儀請而得亦所
以爲魏觀亦重冉也
醫扁鵲盧人字越人見秦武王武王示之病扁鵲請除欲去其病
欽定四庫全書　戰國策 卷三
左右曰君之病在耳之前目之下除之未必已也將
使耳不聰目不明君以告扁鵲扁鵲怒而投其石砭也
所以砭彈㿈腫曰補君與知之者謀之而與不知者敗之使
此知秦國之政也此此如則君一舉而亡國矣按扁鵲與趙簡
子同時至是百三十年矣
秦武王謂甘茂曰寡人欲車通三川以闚周室闚窺同小視也
周室洛邑蓋欲取之不正言耳言三川知其志不止鎬京也而寡人死不朽乎甘
茂對曰請之魏約伐韓王令向壽宣太后外族輔行輔猶副
戰國策　三三
253 — 33

《战国策》内文书影

外交几近于儿戏，变诈玩弄于股掌，战乱频仍之际，这似乎成了常态。《辽史·圣宗本纪四》记下了自统和八年十二月到统和十年十月，李继迁对宋、辽态度的几经变化，兹列于下：

（统和八年）十二月癸卯，李继迁下宋麟、鄜等州，遣使来告。……庚戌，遣使封李继迁为夏国王。

（统和九年）二月丙午，夏国遣使告伐宋捷。……（夏四月）乙亥，夏国王李继迁遣杜白来谢封册。……（秋七月）己未，夏国以复绥、银二州，遣使来告。……（冬十月）壬申，夏国王李继迁遣使来上宋所授敕命。……十二月，夏国王李继迁潜附于宋，（辽）遣招讨使韩德威持诏喻之。

（统和十年）二月乙丑朔，日有食之。韩德威奏李继迁称故不出，至灵州俘掠以还。……庚寅，夏国以韩德威俘掠，遣使来奏，赐诏安慰。……冬十月壬申，夏国王遣使来贡。

叛宋附辽，其间潜附于宋，很快又遣使贡辽，继迁之变诈何其多哉！

《北齐书·后主纪》记下了自武平四年二月到武平六年八月，北周对北齐的几次报聘，兹列于下：

（武平四年）二月乙巳，……是月，周人来聘。……夏四月戊午，……己未，周人来聘。

（武平六年）春三月乙亥，……是月，周人来聘。……八月丁酉，……是月，周师入洛川，屯芒山，攻逼洛城，纵火船焚浮桥，河桥绝。

之后不到一年高纬禅位，之后不到一年北齐亡国，北周之报聘，其变诈何其多哉！

欲望面前，人会底线全无。夏姬乱陈，楚国越境灭陈。《左传·成公二年》云：

楚之讨陈夏氏（按，即夏徵舒，夏姬子）也，庄王欲纳夏姬（按，郑穆公女）。申公巫臣曰："不可。君召诸侯，以讨罪也；今纳夏姬，贪其色也。贪色为淫，淫为大罚。《周书》曰'明德慎罚'。文王所以造周也。明德，务崇之之谓也；慎罚，务去之之谓也。若兴诸侯，以取大罚，非慎之也。君其图之！"王乃止。

而贪夏姬色者，非止楚王。《左传·成公二年》于此接续云：

子反欲取之，巫臣曰："是不祥人也。是夭①子蛮（按，即公子蛮，夏姬庶兄，二人私通），杀御叔（按，夏姬夫），弑灵侯（按，即陈灵公，与夏姬淫），戮夏南（按，即夏徵舒），出孔（按，即孔宁，私通夏姬）、仪（按，即仪行父，

① 夭：早死。

私通夏姬），丧陈国，何不祥如是？人生实难，其有不获死乎？天下多美妇人，何必是？”子反乃止。

楚王惧祸，把她给了连尹襄老，襄老却死于跨国征战，连尸体都没找着。《左传·成公二年》于此接续云：

巫臣使道[1]焉，曰：“归（郑）！吾聘女（按，即夏姬）。”又使自郑召之（按，即夏姬），曰：“尸可得也，必来逆之。”姬以告王，王问诸屈巫（按，即巫臣）。对曰：“其信！……”王遣夏姬归（郑）。将行，（夏姬）谓送者曰：“不得尸，吾不反矣。”巫臣聘[2]诸郑，郑伯许之。

巫臣之变诈多端，令人瞠目。之后，他出使齐国，在返回的时候途经郑国，迎娶夏姬。后又跑到晋国，做了大夫。而他全家，则被楚国灭族。

---

① 道：示意。

② 聘：求亲。

虑 远

司马炎可谓仁矣，《晋书》评其“宇量弘厚，造次必于仁恕；容纳说正，未尝失色于人”。司马炎可谓明矣，《晋书》评其“明达善谋，能断大事，故得抚宁万国，绥静四方”。但是，司马炎亦可谓罔矣，《晋书》评其“知惠帝弗克负荷，然恃皇孙聪睿，故无废立之心”。[①] 其于太子之废立，虽经踌躇，但终于固执先见，不废太子。

虑远以智不以慈，慈不掌兵，以慈无以虑远也。晋武帝一失于立太子，再失于罢武备，遂至于身后惠帝之立，天下土崩，西晋亡矣。《晋书·山涛传》云：

> 吴平之后，帝（按，即司马炎，晋武帝）诏天下罢军役，示海内大安，州郡悉去兵，大郡置武吏百人，小郡五十人。帝尝讲武于宣武场，涛时有疾，诏乘步辇从。因与卢钦论用兵之本，以为不宜去州郡武备，其论甚精。于时咸以涛不学

① 房玄龄等：《晋书》卷三《武帝纪》。

孙吴，而暗与之合。帝称之曰："天下名言也。"而不能用。及永宁之后，屡有变难，寇贼猋①起，郡国皆以无备不能制，天下遂以大乱，如涛言焉。

赞为"天下名言"，而终不能用之。其仁其明其罔，纠结在了一处。其不能虑远，源其慈耶！

虑远以智不以贪，贪而无智，贪而无以虑远也。秦穆公欲潜师远袭郑国。《左传·僖公三十二年》云：

> 穆公访诸蹇叔，蹇叔曰："劳师以袭远，非所闻也。师劳力竭，远主备之，无乃不可乎！师之所为，郑必知之。勤而无所，必有悖心。且行千里，其谁不知?"公辞焉。召孟明、西乞、白乙，使出师于东门之外。蹇叔哭之，曰："孟子(按，即孟明)，吾见师之出而不见其入也。"

秦师东征，不只蹇叔不看好。周大夫王孙满曰："秦师轻而无礼，必败。"② 郑商人弦高曰："寡君闻吾子将步师出于敝邑，敢犒从者。"③ 晋大夫原轸曰："秦违蹇叔，而以贪勤民，天奉我也。"④

---

① 猋：同"飙"，迅速。

② 左丘明：《左传·僖公三十三年》。

③ 左丘明：《左传·僖公三十三年》。

④ 左丘明：《左传·僖公三十三年》。

结果，秦晋殽之战，秦国大败而归。

人而虑远，非一时之事，时时磨砺，方能以远为虑。山涛四十入仕，却并不轻佻。《晋书·山涛传》云：

画像砖上的山涛像

> 与石鉴共宿，涛夜起蹴鉴曰："今为何等时而眠耶！知太傅（按，即司马懿）卧何意？"鉴曰："宰相（按，即司马懿）三不朝，舆尺①一令归第，卿何虑也！"涛曰："咄！石生无事马蹄间邪！"投传②而去。未二年，果有曹爽之事（按，即司马懿诛杀曹爽事），遂隐身不交世务。

① 舆尺：帝王所乘之车，代指帝王。

② 投传：投弃符信。借指弃官、辞职。

《晋书·山涛传》中，记其屡次辞任官职，兹列于下：“（涛）入为侍中，迁尚书。以母老辞职……”“（涛）后除太常卿，以疾不就。会遭母丧，归乡里。”“（涛）加侍中，领吏部。固辞以老疾，上表陈情。章表数十上，久不摄职……涛辞不获已，乃起视事。”“后以年衰疾笃，（涛）上疏告退曰……涛苦表请退，诏又不许。”以上曹魏时事。“太康初，（涛）迁右仆射，加光禄大夫，侍中、掌选如故。涛以老疾固辞，手诏曰……涛又上表固让，不许。”“后拜司徒，涛复固让。”

山涛薨于太康四年，时年七十九。其屡辞之举，岂非洞察了什么？岂非虑之以远？

夺　人

何谓夺人？颖异于人惊艳于世是也，先人有夺人之心是也，知耻而后智后勇是也，绵里藏针柔中行刚是也。何以夺人？以夺人之力，收夺人之功是也。生而夺人，乃自然之理；人夺而生，有亏天道耳。

裴子野可谓夺人焉。《梁书·裴子野传》载：

> （子野）除右军安成王（按，即萧秀，南梁武帝萧衍弟）参军，俄迁兼廷尉正。时三官通署狱牒，子野尝不在，同僚辄署其名，奏有不允，子野从坐免职。或劝言诸有司，可得无咎。子野笑而答曰："虽惭柳季（按，即柳下惠）之道，岂因讼以受服。"自此免黜久之，终无恨意。

其无恨意，人有敬意；其学博识，人尤敬焉。《梁书·裴子野传》接续有云：

> 是时西北徼外有白题及滑国，遣使由岷山道入贡。此二国历代弗宾，莫知所出。子野曰："汉颍阴侯（按，即灌婴）斩胡白题将一人。服虔《注》云：'白题，胡名也。'又汉定远侯（按：即班超）击虏，八滑从之，此其后乎。"

祖冲之可谓奇人焉。其"少稽古，有机思"。"宋元嘉中，用何承天所制历，比古十一家为密，冲之以为尚疏，乃更造新法。"于是他上表朝廷，其中有云：

> 然而古历疏舛①，类不精密，群氏纠纷，莫审其会。寻何承天所上，意存改革，而置法简略，今已乖远。以臣校之，三睹厥谬，日月所在，差觉三度，二至晷景，几失一日，五星见伏，至差四旬，留逆进退，或移两宿。分至失实，则节闰非正；宿度违天，则伺察无准。②

事奏之后，"孝武（按，即刘骏，刘宋武帝）令朝士善历者难之，不能屈。会帝崩，不施行"。祖冲之一生，"著《易》《老》《庄》义，释《论语》《孝经》，注《九章》，造《缀述》数十篇"。③

---

① 疏舛：粗略紊乱；疏漏错乱。

② 萧子显：《南齐书》卷五十二《祖冲之传》。

③ 萧子显：《南齐书》卷五十二《祖冲之传》。

任氏可谓夺人焉。《晋书·皇甫谧传》云：

皇甫谧像

（谧）年二十，不好学，游荡无度，或以为痴。尝得瓜果，辄进所后叔母①任氏。任氏曰："《孝经》云：'三牲之养，犹为不孝。'汝今年余二十，目不存教，心不入道，无以慰我。"因叹曰："昔孟母三徙以成仁，曾父烹豕以存教，岂我居不卜邻，教有所阙，何尔鲁钝之甚也！修身笃学，自汝得之，于我何有！"因对之流涕。

任氏之叹息啼泣，终夺皇甫谧之心。自此之后，他知耻而后智后勇。他"躬自稼穑，带经而农"，即使得了风痹病，也手不释卷。他"耽玩典籍，忘寝与食，时人谓之'书淫'。或有箴其过笃，将损耗精神。谧曰：'朝闻道，夕死可矣，况命之修短分定悬天乎！'"

① 所后叔母：过继给叔母为其后代。

皇甫谧可谓夺人焉。其志弥坚，其修弥高，其夺人之力弥漫。有人劝他应命做官，他作《释劝论》以通己志，其中有云：

> 若乃圣帝之创化也，参德乎二皇，齐风乎虞夏，欲温温而和畅，不欲察察而明切也；欲混混若玄流①，不欲荡荡而名发也；欲索索而条解，不欲契契而绳结也；欲茫茫而无垠际，不欲区区而分别也；欲暗然②而日章，不欲示白若冰雪也；欲醇醇而任德③，不欲琐琐而执法也。是以见机者以动成，好遁者无所迫。故曰，一明一昧，得道之概；一驰一张，合礼之方；一浮一沈，兼得其真。故上有劳谦④之爱，下有不名之臣；朝有聘贤之礼，野有遁窜之人。

他辞官不做，却向皇帝借书。“帝送一车书与之。谧虽羸疾，而披阅不怠。初服寒食散，而性与之忤，每委顿不伦，尝悲恚，叩刃欲自杀，叔母谏之而止。”⑤

其爱书若此，已夺人耳目，夺人心魄，其为文若此，其为“针灸之父”，又何可湮而无闻邪！

晏子可谓夺人焉。齐景公三十二年，彗星扫过天空。景公沮

---

① 玄流：深泉。

② 暗然：浑然朴实。

③ 任德：用德政。

④ 劳谦：勤劳谦恭。

⑤ 房玄龄等：《晋书》卷五十一《皇甫谧传》。

丧，“群臣皆泣”，晏子则笑。景公为此发怒。晏子曰：“臣笑群臣谀甚。”景公曰：“彗星出东北，当齐分野，寡人以为忧。”①

如果哭是阿谀，那么笑成了什么？

晏子曰：“君高台深池，赋敛如弗得，刑罚恐弗胜，茀星②将出，彗星何惧乎？”公曰：“可禳否？”晏子曰：“使③神可祝而来，亦可禳而去也。百姓苦怨以万数，而君令一人禳之，安能胜众口乎？”④

笑是什么，似已无须多言。晏子以矮小之躯，言振聋发聩之声，在他面前，那些身材高大的人，岂不是夺了自己的身高？

---

① 司马迁：《史记》卷三十二《齐太公世家》。

② 茀星：彗星之一种。

③ 使：假使。

④ 司马迁：《史记》卷三十二《齐太公世家》。

睚 眦

睚眦之怨，何以要报？怨被于身，报何以来？

窦参是义士。其为万年尉，“时同僚有直官曹者，将夕，闻亲疾，请参代之。会狱囚亡走，京兆尹按直簿，将奏，参遽请曰：‘彼以不及状谒①，参实代之，宜当罪。’坐贬江夏尉，人多义之”②。

窦参是直士。其为御史中丞，“数蒙（唐德宗）召见，论天下事，又与执政多异同③，上深器之，或参决大政。时宰颇忌之，多所排抑，亦无以伤参”④。

窦参“性矜严”。其为大理司直，“按狱江淮，次扬州，节度

---

① 状谒：上书禀告。

② 刘昫等：《旧唐书》卷一百三十六《窦参传》。

③ 异同：异议。

④ 刘昫等：《旧唐书》卷一百三十六《窦参传》。

使陈少游骄蹇，不郊迎，令军吏传问，参正辞让[①]之，少游悔惧，促诣参，参不俟济江”[②]。其睚眦萌焉。

窦参“多率情坏法”。其为御史中丞，“初定百官俸料，以尝为司直，党其官，故给俸多于本寺丞；又定百官班秩[③]，初令太常少卿在左右庶子之上；又恶詹事李昇，遂移詹事班退居诸府尹之下，甚为有识所嗤”[④]。其睚眦渐焉。

其率情坏法，竟至迫人致仕。鲍防“为礼部侍郎时，尝遇知杂侍御使窦参于通衢，导骑不时[⑤]引避，仆人为参所鞭，及参秉政，遽令致仕”。鲍防“竟以愤终”。[⑥] 其睚眦巨焉。

窦参虽率情坏法，但日后仍“拜中书侍郎、同平章事，领度支、盐铁专运使”。这时，“每宰相间日于延英召对，诸相皆出，参必居后久之，以度支为辞，实专大政”。[⑦]

终因率情坏法，窦参先是被贬郴州别驾，之后“（唐德宗）欲杀参”，再贬为驩州司马，“未至驩州，赐死于邕州武经镇”。[⑧]

何以要报？有迹可寻。以何来报？盖亦有因焉。“众颇悯防

---

① 让：责备。

② 刘昫等：《旧唐书》卷一百三十六《窦参传》。

③ 班秩：官员的品级。

④ 刘昫等：《旧唐书》卷一百三十六《窦参传》。

⑤ 不时：不适时。

⑥ 刘昫等：《旧唐书》卷一百四十六《鲍防传》。

⑦ 刘昫等：《旧唐书》卷一百四十六《鲍防传》。

⑧ 刘昫等：《旧唐书》卷一百三十六《窦参传》。

（按，即鲍防）而咎参（按，即窦参），故参之败不旋踵，非不幸也。”

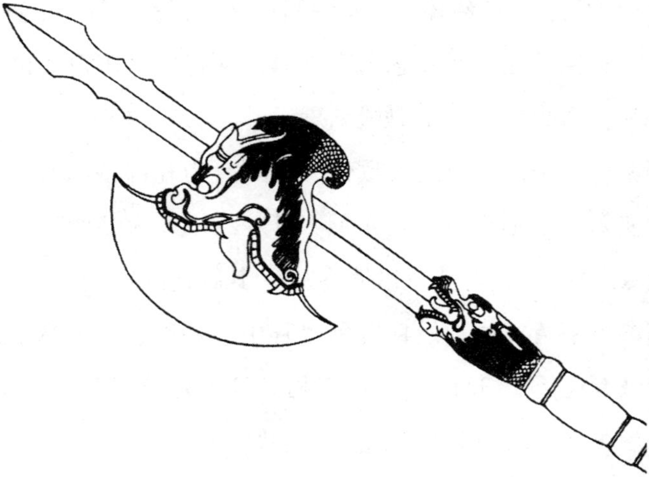

兵器上的睚眦雕饰

刘湛意气不凡，“弱年便有宰世情，常自比管夷吾、诸葛亮，不为文章，不喜谈议。本州辟主簿，不就，除著作佐郎，又不拜”①。

刘湛居处清素，为刘裕太尉参军时，“父柳亡于江州，州府送故甚丰，一无所受，时论称之”。但刘湛可谓酷吏，为刘宋历阳太守之时，“为人刚严用法，奸吏犯赃百钱以上，皆杀之，自下莫不

① 沈约：《宋书》卷六十九《刘湛传》。

震肃[①]”。[②] 其睚眦萌焉。

之后，“抚军将军江夏王义恭镇江陵，以湛为使持节、南蛮校尉、领抚军长史，行府州事”。这一任命，让刘湛颇为不平。“时王弘辅政，而王华、王昙首任事居中，湛自谓才能不后之，不愿外出，是行也，谓为弘等所斥，意甚不平，常曰：‘二王若非代邸之旧，无以至此，可谓遭遇风云。’”[③] 但是，王弘在东晋末年，曾赞刘湛有“器干”。其睚眦渐焉。

之后，“王华既亡，昙首又卒，领军将军殷景仁以时贤零落，白太祖（按，即刘义隆，刘宋文帝）征湛。八年，召为太子詹事，加给事中、本州（按，即江陵）大中正，与景仁并被任遇[④]。……及俱被时遇，猜隙[⑤]渐生，以景仁专管内任，谓为间己”[⑥]。

为扳倒景仁，他倾心结交刘义康，构陷景仁。“义康擅势专朝，威倾内外，湛愈推崇之，无复人臣之礼，上稍不能平。”以至于刘义隆发出这样的感慨：“刘班（按，湛小字班虎）初自西还，吾与语，常看日早晚，虑其当去。比入，吾亦看日早晚，虑其不

① 震肃：因慑于威猛之政而风气肃然。

② 沈约：《宋书》卷六十九《刘湛传》。

③ 沈约：《宋书》卷六十九《刘湛传》。

④ 任遇：信任重用。

⑤ 猜隙：猜忌和嫌隙。

⑥ 沈约：《宋书》卷六十九《刘湛传》。

去。"[1] 其睚眦巨焉。

随着权力斗争的加剧，刘湛自感败亡将至。元嘉十七年十月，刘义隆罪湛诏书下达，刘湛"于狱伏诛，时年四十九"。[2] 其意其清，当如何评说，呜呼哀哉！

---

① 沈约：《宋书》卷六十九《刘湛传》。

② 沈约：《宋书》卷六十九《刘湛传》。

布　公

开诚布公，不以得失为虑，斯亦至公矣。推心置腹，不以嫌疑兴怀，斯怀亦大矣。

北魏孝文帝以南讨之名，欲谋迁都洛阳，于是令人龟卜，结果其兆遇革。这时，拓跋澄提出异议。孝文帝曰：“此是汤武革命，顺天应人之卦也。”群臣莫敢言。拓跋澄进曰：“《易》言革者更也。将欲应天顺人，革君臣之命，汤武得之为吉。陛下帝有天下，重光累叶①。今曰卜征，乃可伐叛，不得云革命。此非君人之卦，未可全为吉也。”孝文帝与拓跋澄由此展开激烈的争执：

高祖厉声曰：“象云‘大人虎变’，何言不吉也！”澄曰：“陛下龙兴既久，岂可方同虎变！”高祖勃然作色曰：“社稷我社稷，任城（按，即拓跋澄，袭父爵为任城王）而欲沮众也！”澄曰：“社稷诚知陛下之社稷，然臣是社稷之臣子，豫

---

① 累叶：累世。

参顾问，敢尽愚衷。”

孝文之厉声作色，在拓跋澄三曰之下，尽显苍白。但孝文帝为明君，最后以一句“各言其志，亦复何伤”结束了争执。孝文车驾还宫后，马上召来拓跋澄，二人互布公心，剑拔弩张顿无，推心置腹始见。孝文帝遥谓曰：“向者之革卦，今更欲论之。明堂之忿，惧众人竞言，阻我大计，故厉色怖文武耳，想解朕意也。”

《魏孝文帝礼佛图》浮雕

接着，孝文独对拓跋澄大讲迁都之必要，二人很快达成共识，拓跋澄表态：“此既非常之事，当非常人所知，唯须决之圣怀，此辈亦何能为也。”后来，“驾幸洛阳，定迁都之策，高祖诏曰：‘迁移之旨，必须访众。当遣任城驰驿向代，问彼百司，论择可否。近日论革，今真所谓革也，王其勉之。’既至代都，众闻迁诏，莫不惊骇。澄援引今古，徐以晓之，众乃开伏①”。②

开诚心，布公道，清亮之心发焉，清风之势成焉。

布公之心，可以智行，可以谋行，亦可以明行。唐太宗废太子，欲再立时感到了压力。《新唐书·长孙无忌传》云：

唐太宗昭陵

① 开伏：开悟心服。

② 魏收：《魏书》卷十九《拓跋澄传》。

太子承乾废，帝欲立晋王（按，即李治），未决，坐两仪殿，群臣已罢，独留无忌、玄龄（按，即房玄龄，时为司空）、勣（按，即李勣，时为兵部尚书）言东宫事，因曰："我三子一弟，未知所立，吾心亡聊。"即投床，取佩刀自向，无忌等惊，争抱持，夺刀授晋王，而请帝所欲立。

唐太宗昭陵六骏图

> 帝曰："我欲立晋王。"无忌曰："谨奉诏，异议者斩！"帝顾王（按，即李治）曰："舅许汝矣，宜即谢。"王乃拜。帝复曰："公等与我意合，天下其谓何？"答曰："王以仁孝闻天下久矣，固无异辞；有如不同，臣负陛下百死。"于是遂定。

太宗之自投于床，无忌之愿赴百死，皆可谓布其公心。而长孙无忌，当此之时，以舅父之身份担起拥立外甥之嫌，所怀岂能小邪？

所怀者何？至公之心是也。公心者何？至诚之情是也。但亦有怀奸之徒，致布公于不堪之地焉。康梁变法危在旦夕，谭嗣同夜访袁世凯。梁启超《谭嗣同传》云：

谭嗣同肖像照

> 初三日夕，君（按，即谭嗣同）径造袁所寓之法华寺，直诘袁曰："君谓皇上何如人也？"袁曰："旷代之圣主也。"君曰："天津阅兵之阴谋，君知之乎？"袁曰："然，固有所闻。"君乃直出密诏示之曰：

> “今日可以救我圣主者，惟在足下，足下欲救则救之。”又以手自抚其颈曰：“苟不欲救，请至颐和园首仆而杀仆，可以得富贵也。”袁正色厉声曰：“君以袁某为何如人哉？圣主乃吾辈所共事之主，仆与足下同受非常之遇，救护之责，非独足下，若有所教，仆固愿闻也。”

一番商议之后，袁世凯允诺：“诛荣禄如杀一狗耳！”但是谁能想到，就在这个晚上，他向荣禄告密，成了荣禄的一条狗。

那个晚上，谭嗣同之布其公心，袁世凯之慷慨陈词，早已嵌进了悲壮、浑浊的历史，留给后人的，是不堪回首的凝重！

迂 阔

迂阔者近于直，故常发难于人。

隋文帝开皇元年，敕令李德林与太尉任国公于翼、高颎等同修律令。格令颁布后，苏威每欲改易事条。德林予以驳斥，“以为格式已颁，义须画一，纵令小有踳驳①，非过蠹政害民者，不可数有改张”②。此其驳一也。

后又有五百家乡正之争：

威（按，即苏威）又奏置五百家乡正，即令理民间辞讼。德林以为本废乡官判事，为其里闾亲戚，剖断不平，今令乡正专治五百家，恐为害更甚。且今时吏部，总选人物，天下不过数百县，于六七百万户内，诠简③数百县令，犹不能称其

---

① 踳驳：舛谬杂乱；驳杂。

② 魏征等：《隋书》卷四十二《李德林传》。

③ 诠简：评量选拔。

才，乃欲于一乡之内，选一人能治五百家者，必恐难得。又即时要荒①小县，有不至五百家者，复不可令两县共管一乡。

此其驳二也。隋文帝敕令群官商议，结果是“自皇太子以下，多从德林议”。

之后，“苏威又言废郡，德林语之云：‘修令时，公何不论废郡为便。今令才出，其可改乎？’”此其驳三也。这次舆论倒向了苏威。“高颎同威之议，称德林狠戾，多所固执。由是高祖（按，即杨坚，隋文帝）尽依威议。”②

诟病者狠戾，故谓德林狠戾。隋文帝依违，故尽依苏威。

迂阔者近于直，故诟病常随之。隋文帝赏给李德林一处宅院，后又无故给了别人，让他自选一处。德林选中原北齐巨奸高阿那肱位于卫国县的市店，却又被隋文帝收了回去：

（开皇）九年，（隋文帝）车驾幸晋阳，店人上表诉称：“地是民物，高氏强夺，于内造舍。”上命有司料还价直。遇追苏威自长安至，奏云：“高阿那肱是乱世宰相，以谄媚得幸，枉取民地，造店赁之。德林诬罔，妄奏自入。”……上因责德林，德林请勘逆人文簿及本换宅之意，上不听，乃悉追店给所住者。

① 要荒：要，要服；荒，荒服。古称王畿外极远之地。

② 魏征等：《隋书》卷四十二《李德林传》。

迂阔者近于直，故不幸常随之。隋文帝开皇十年，虞庆则等奏“五百家乡正，专理辞讼，不便于民。党与爱憎，公行货贿”。上令废之。德林复奏云：“此事臣本以为不可。然置来始尔，复即停废，政令不一，朝成暮毁，深非帝王设法之义。臣望陛下若于律令辄欲改张，即以军法从事。不然者，纷纭未已。”① 隋文帝大怒。

其前议置五百家乡正之非，其后议废五百家乡正之非，其迂阔着实可敬，其结局也着实不幸，德林贬谪卒官，岂不可叹！

于直而言，可有不幸，亦可有幸。汉昭帝驾崩，霍光迎立昌邑王，事昌邑王的王吉，以谨言慎行、敬事霍光诫之。但是，“王既到，即位二十余日以行淫乱废”。昌邑群臣皆下狱诛，王吉则以忠直数谏减死。

王吉像

之后汉宣帝即位，王吉上疏，其中有言：慎用能吏，世俗嫁娶太早，宫室车服过盛……宣帝“以其言迂阔，不甚宠异也。吉遂谢病归琅邪”。

其实，王吉之迂，于可敬之外，更有可爱在。王吉少时学问，居长安。“东家

① 魏征等：《隋书》卷四十二《李德林传》。

有大枣树垂吉庭中，吉妇取枣以啖吉。吉后知之，乃去妇。”①

迂阔之极，必生迂腐，由可敬可爱到可笑可悲，仅或半步之遥。宋楚泓之战，“宋公（按，即宋襄公）将战，大司马固谏曰：‘天之弃商（按，即宋。商亡，微子启建宋，故称）久矣，君将兴之，弗可赦②也已。’弗听”。

打则打矣，关键是怎么个打法。宋人既成列，楚人还未完全渡河。司马曰：“彼众我寡，及其未既济也，请击之。”公曰：“不可。”已渡河而未成列，司马又请击之。公曰：“未可。”楚军既陈而后宋军击之，宋师败绩。③

于此可见，迂阔关乎一人，关乎众人，也关乎国家。

《宋史·选举志三》载：宋哲宗选士，始创经明行修之科，“主德行而略辞艺，间取礼部试黜之士，附置恩科，当时固已咎其无所甄别”。

宋徽宗初立八行之科。“及八行科立，则三舍（按，即三舍之法，宋神宗时欲以之代科举）皆不试而补，往往设为形迹，求与名格相应。”

此时弊端已显，风气大坏。“于是两科相望几数十年，乃无一人卓然能自著见者，而八行又有甚敝。”

---

① 班固：《汉书》卷七十二《王吉传》。

② 赦：饶恕。

③ 左丘明：《左传·僖公二十二年》。

《宋史》评论曰："盖后世欲追古制，而不知风俗教化之所从出，其难固如此夫。"此番迂阔，波及全国，祸及后世，令人唏嘘。而宋之式微，不能说与此无关。

奸 回

辨奸难，拒奸难，诘奸难。

《后汉书·张奂传》载：

> 奂少立志节，尝与士友言曰：“大丈夫处世，当为国家立功边境。”及为将帅，果有勋名。董卓慕之，使其兄遗缣百匹。奂恶卓为人，绝而不受。

爱而受之，恶而拒之，逆以方直，奸回自绝。《后汉书·张奂传》接续云：

> （汉桓帝）建宁元年，（奂）振旅[①]而还。时窦太后临朝，大将军窦武与太傅陈蕃谋诛宦官，事泄，中常侍曹节等于中作乱，以奂新征，不知本谋，矫制使奂与少府周靖率五营士

① 振旅：整队班师。

围武。武自杀，蕃因见害。奂迁少府，又拜大司农，以功封侯。奂深病为节所卖，上书固让，封还印绶，卒不肯当。

懵而介入，耻而封还，奸回变诈，何其难辨！《后汉书·张奂传》接续云：

（汉桓帝建宁二年）夏，青蛇见于御坐轩前，又大风雨雹，霹雳拔树，诏使百僚各言灾应。奂上疏曰："……故大将军窦武、太傅陈蕃，或志宁社稷，或方直不回，前以谗胜，并伏诛戮，海内默默，人怀震愤。昔周公葬不如礼，天乃动威。今武、蕃忠贞，未被明宥，妖眚①之来，皆为此也。宜急为改葬，徙还家属。其从坐禁锢，一切蠲除。……"天子深纳奂言，以问诸黄门常侍，左右皆恶之，帝不得自从。

耻于前封，勇而诘奸，奸回恶之，忠不得行。

奸回之力，摧锋折锐，或识其奸，难拒其力。《宋史·张宪传》所记王贵之事令人动容，却又不无遗憾：

桧（按，即秦桧）与张俊谋杀飞（按，即岳飞），密诱飞部曲，以能告飞事者，宠以优赏，卒无人应。闻飞尝欲斩王贵，又杖之，诱贵告飞。贵不肯，曰："为大将宁免以赏罚用

① 妖眚：灾异。

秦桧跪像

人，苟以为怨，将不胜其怨。”桧、俊不能屈，俊劫贵以私事，贵惧而从。

奸回之力，百转千回，柔而攻心，难乎夺志？《宋史·王之望传》云：

之望雅不欲战，请朝，因奏（宋高宗）：“人主论兵与臣下不同，惟奉承天意而已。窃观天意，南北之形已成，未易相兼，我之不可绝淮而北，犹敌之不可越江而南也。移攻战之力以自守，自守既固，然后随机制变，择利而应之。”有旨留中①。

汤思退力主息兵，奏除之望吏部侍郎、通问使。寻议先遣小使觇敌，召之望还。之望首以守备不足恃为告，上亟罢都督府，以之望为淮西宣谕使，甫拜命，又擢右谏议大夫。

① 留中：将大臣所上奏章留置宫禁，不交办。

之望因上章极言廷臣执偏见①为身谋，乞明诏在庭，平其心于议论之际。时思退主和议，浚（按，即张浚）主恢复，之望言似善，实阴为思退地②也。

从有旨留中到其言似善，怎一个辨字了得！无论前行之路多么艰难，我们都不能上了伪善的当。其妩媚，其柔顺，其令人着迷，其实都是一副毒药！

更可怕的是，奸回之人能撒迷魂之药，能于绝地逆天而改命。武成帝死了，除掉和士开，似乎已不再难。于是，朝廷宴会上，朝臣群起而攻之。无奈之下，太后传话出来："梓宫在殡，事太匆速③，犹欲王等更思量。"《北史·和士开传》于此接续云：

太后（按，即胡氏，北齐后主高纬母）及后主召问士开（按，即和士开，时任尚书令，封淮阳王），士开曰："先帝群臣中，待臣最重。陛下谅阴④始尔，大臣皆有觊觎，今若出臣，正是翦陛下羽翼。宜谓叡（按，即高叡，北齐赵郡王）等，云文遥（按，即元文遥，时为侍中，封宁都郡公）与臣

① 偏见：此指主战。

② 为思退地：为汤思退息兵论提供事理根据。

③ 匆速：匆忙急速。

④ 谅阴：古代天子居丧，政事全权委托大臣处理，默而不言。

同是任用，岂得一去一留，并可以为州。且依旧出纳，待过山陵①，然后发遣。叡等谓臣真出，心必喜之。”后主及太后告叡等，如其言，以士开为兖州刺史，文遥为西兖州刺史。

私通太后，是和士开的一张王牌，所以这场锄奸，已经变成了锄忠。《北史》于此接续云：

山陵毕，叡等促士开就路。士开载美女珠帘及诸宝玩以诣娄定远（按，北齐神武帝高欢皇后娄氏侄），谢曰：“诸贵欲杀士开，蒙王特赐性命，用作方伯②。今欲奉别，且送二女子、一珠帘。”定远大喜，谓士开曰：“欲还入不？”士开曰：“在内久，常不自安，不愿更入。”定远信之，送至门。士开曰：“今日远出，愿一辞觐两宫。”定远许之。

和士开由是得见后主及太后，进迷魂之药：

（和士开）进说曰：“先帝（按，即高湛，北齐武成帝）一旦登遐③，臣愧不能自死。观朝贵意势，欲以陛下为乾明（按，即乾明之变。乾明元年，北齐国君高殷被废）。臣出之

① 山陵：帝王陵墓，此指帝王丧事。

② 方伯：原指一方诸侯之长，后泛指地方长官。

③ 登遐：对他人死去的讳称，此处特指帝王之死。

后，必有大变，复何面目见先帝于地下！”因恸哭。后主及太后皆泣，问计将安出。士开曰：“臣已得入，复何所虑？正须数行诏书耳。”①

最终，“诏定远为青州刺史；责赵郡王叡以不臣，召入杀之；复除士开侍中、尚书左仆射”。②

① 李延寿：《北史》卷九十二《和士开传》。
② 李延寿：《北史》卷九十二《和士开传》。

任侠

任侠之飘忽，任侠之出离，任侠之笃定，人皆心向往之，人皆敬而近之。

任侠者常出意表，或以为神秘莫测。苗刘兵变，一个陌生人在森严警备之下径直来到了征讨将领张浚面前。《宋史·张浚传》云：

> 初，浚次秀州，尝夜坐，警备甚严，忽有客至前，出一纸怀中曰："此苗傅、刘正彦募贼公赏格也。"浚问欲何如，客曰："仆河北人，粗读书，知逆顺，岂以身为贼用？特见为备不严，恐有后来者耳。"浚下执其手，问姓名，不告而去。浚翌日斩死囚徇于众，曰："此苗、刘刺客也。"私识①其状貌物色之，终不遇。

① 识：记住。

任侠者多出动荡，居常则行为不羁。《北史·李元忠传》云：

(元忠)尝亡二马，既获盗，即以与之。在母丧，哭泣哀动旁人，而饮酒骑射不废，曰："礼岂为我?"初元忠以母多患，专心医药，遂善方技，性仁恕，无贵贱皆为救疗。家素富，在乡多有出贷求利，元忠焚契免责，乡人甚敬之。"

任侠者侠肝义胆，常出不经意之间。王莽末年，天下大乱，冯鲂聚宾客，招豪杰。《后汉书·冯鲂传》云：

是时湖阳大姓虞都尉反城称兵，先与同县申屠季有仇，而杀其兄，谋灭季族。季亡归鲂，鲂将季欲还其营，道逢都尉从弟长卿来，欲执季。鲂叱长卿曰："我与季虽无素故，士穷相归，要当以死任之，卿为何言?"遂与俱归。

任侠者处世以义，而义即适宜也。申屠季蒙冯鲂恩得以保全，愿以牛马财物献鲂，鲂作色曰："吾老亲弱弟在贼城中，今日相与，尚无所顾，何云财物乎?"季惭不敢复言。

任侠者悲悯，故常以仁恕为怀。天下已定，冯鲂拜虞令，延褒作乱，"攻围县舍，鲂率吏士七十许人，力战连日，弩矢尽，城陷，鲂乃遁去"。等到平定叛乱，刘秀把延褒等人交给冯鲂处置。《后汉书·冯鲂传》云：

鲂责让以行军法，皆叩头曰："今日受诛，死无所恨。"鲂曰："汝知悔过伏罪，今一切相赦，听各反农桑，为令作耳目。"皆称万岁。是时每有盗贼，并为褒等所发，无敢动者，县界清静。

任侠者义薄云天，刚断过于常人也。《北史·李元忠传》云：

孝庄（按，即元子攸，北魏孝庄帝）时，盗贼蜂起，清河有五百人西戍，还经南赵郡，以路梗，共投元忠，奉绢千余匹。元忠唯受一匹，杀五牛以食之，遣奴为导，曰："若逢贼，但道李元忠遣。"如言，贼皆舍避。及葛荣起，元忠率宗党作垒以自保，坐于大槲树下，前后斩违命者凡三百人。贼至，元忠辄却之。

任侠者或为庶，或为士，或为宦，不一而足。世人羡之而不蹑之，何邪？今天，任侠之人已少，任侠之行难觅，随波逐流之时，能否给自己一点儿念想？

特 立

世上总有特立独行之人，他们的身影总能成为风景，让人赏、让人赞，或让人非议、让人诋毁。但可断言的是，如若没有这些人，世上定是多了遗憾，少了光泽！

陶潜读书“不求甚解”，其饮酒“期在必醉”，其贫至“箪瓢屡空”，为州祭酒，却又“少日自解归”。《晋书·陶潜传》云：

陶潜像

> （潜）素简贵，不私事上官。郡遣督邮至县，吏白应束带见之，潜叹曰：“吾不能为五斗米折腰，拳拳事乡里小人邪！”（晋安帝）义熙二年，解印去县，乃赋《归去来》。

世上少了一个官吏，却因此多了一位逸士。而特立独行，非惟在野在山，亦可在市在朝。

拒绝谄事，且答书称佞，李绘之特立，锋芒露矣，事不果矣。《北史·李绘传》云：

> 河间太守崔谌，恃其弟暹势，从绘乞麋角鸽羽。绘答书曰："鸽有六翮，飞则冲天；麋有四足，走便入海。下官肤体疏懒，手足迟钝，不能近追飞走，远事佞人。"时文襄（按，即高澄，北齐文襄帝）使暹选司徒左长史，暹荐绘，既而不果，咸谓由此书。

李绘"质性方重"，"未尝趣事权门"，"久而沈屈[①]"以卒。其浩浩之气，郁郁乎远离了世俗。

远离世俗的，往往还有平居时的非同寻常。《宋史·王安石传》云：

> 安石未贵时，名震京师，性不好华腴，自奉至俭，或衣垢不浣，面垢不洗，世多称其贤。蜀人苏洵独曰："是不近人情者，鲜不为大奸慝。"作《辩奸论》以刺之，谓王衍、卢杞合为一人。

---

① 沈屈：即"沉屈"，埋没屈抑。

为了变法，王安石言“天变不足畏，祖宗不足法，人言不足恤”①，目之为“奸”，何足怪哉！其不近人情，关乎其性也。

饮酒娱乐，王俭诵书，进而诘人，情何以堪！《南齐书·王俭传》云：

> 上（按，即萧道成，南齐高帝）曲宴②群臣数人，各使效技艺。褚渊弹琵琶，王僧虔弹琴，沈文季歌《子夜》，张敬儿舞，王敬则拍张。俭曰：“臣无所解，唯知诵书。”因跪上前诵相如《封禅书》。上笑曰：“此盛德之事，吾何以堪之。”后上使陆澄诵《孝经》，自“仲尼居”而起。俭曰：“澄所谓博而寡要，臣请诵之。”乃诵“君子之事上”章。上曰：“善！张子布（按，即张昭，孙吴重臣）更觉非奇也。”

性之所至，至于忘形，何足怪哉！特立之人，或凌厉，或一意，或愤疾，或自赏，正是其人格动人处，足令流俗汗颜、直士击节！

但是，嗟赏之余，又生嗟叹。安童年十三，即“召入长宿卫……位在百僚上”，且“每退朝必与老成人语，未尝狎一年少”。《元史·安童传》云：

---

① 脱脱等：《宋史》卷三百二十七《王安石传》。

② 曲宴：私宴，多指宫中之宴。

> （至元）二十四年，宗王乃颜叛，世祖（按，即忽必烈）亲讨平之。宗室诖误①者，命安童按问，多所平反。尝退朝，自左掖门出，诸免罪者争迎谢，或执辔扶上马，安童毅然不顾。有乘间言于帝曰："诸王虽有罪，皆帝室近亲也，丞相虽尊，人臣也，何悖慢如此！"帝良久曰："汝等小人，岂知安童所为，特辱之使改过耳。"

好一个"良久曰"②！安童此后谏用桑哥，但帝"不听"③；此后屡次求退，但帝"不许"④。罢相后两年，安童薨于其第，年四十九。

---

① 诖误：被牵连而受到处分。

② 宋濂等：《元史》卷一百二十六《安童传》。

③ 宋濂等：《元史》卷一百二十六《安童传》。

④ 宋濂等：《元史》卷一百二十六《安童传》。

拯　溺

水流无忌，泥沙飞扬，九曲黄河留下苦难的背影，也留下拯溺的身影。元至正四年的大水，让一个人至今鲜活生动。《元史·河渠志三》云：

> （元顺帝）至正四年夏五月，大雨二十余日，黄河暴溢，水平地深二丈许，北决白茅堤。六月，又北决金堤。……民老弱昏垫①，壮者流离四方。

虽然“朝廷患之”，但此后的五年，只是“访求治河方略”，并不能真正治水。到了至正九年的冬天，脱脱再度为相，“慨然有志于事功，论及河决，即言于帝，请躬任其事，帝嘉纳之。乃命集群臣议廷中，而言人人殊，唯都漕运使贾鲁，昌言必当治”②。

---

① 昏垫：陷溺。

② 宋濂等：《元史》卷六十六《河渠志三》。

这次大水，在《元史·脱脱传》中是这样记载的："河决白茅堤，又决金堤，方数千里，民被其患，五年不能塞。"

这次治水，在《元史·脱脱传》中是这样记载的：

> 脱脱用贾鲁计请塞之，以身任其事。出告群臣曰："皇帝方忧下民，为大臣者职当分忧。然事有难为，犹病有难治，自古河患即难治之疾也，今我必欲去其疾。"而人人异论，皆不听。(脱脱) 乃奏以贾鲁为工部尚书，总治河防，使发河南北兵民十七万役之，筑决堤成，使复故道。凡八月功成。

"言人人殊"，"人人异论"，只有脱脱"必欲去其疾"，只有贾鲁"昌言必当治"，拯溺如救焚，一个"必"字境界全出！

而脱脱拯溺，非止于治水。中书右丞相伯颜擅权危主，元顺帝"泣语脱脱，脱脱亦泣下"。《元史·脱脱传》于此接续云：

> (至正) 六年二月，伯颜请太子燕帖古思猎于柳林。脱脱与世杰班、阿鲁合谋以所掌兵及宿卫士拒伯颜。戊戌，遂拘京城门钥①，命所亲信列布城门下。是夜，奉帝御玉德殿，召近臣汪家奴、沙剌班及省院大臣先后入见，出五门听命。又召瑀 (按，即杨瑀) 及江西范汇入草诏，数伯颜罪状。诏成，夜已四鼓，命中书平章政事只儿瓦歹赍赴柳林。己亥，

① 门钥：掌司门钥之官。

脱脱坐城门上，而伯颜亦遣骑士至城下问故。脱脱曰：“有旨逐丞相。”伯颜所领诸卫兵皆散，而伯颜遂南行。

黄流巨津图（陈洪绶画）

其实，伯颜乃脱脱之伯父，而脱脱自幼即养于伯颜之家。

无独有偶，高继勋拯溺，亦有治水，亦非止于治水。《宋史·高继勋传》载：

> （继勋）授建雄军节度使、知滑州。河水暴溢，啮①堤岸，继勋虽老，躬自督役，露坐河上，暮夜犹不辍，水乃杀怒，滑人德之。

而壮年继勋，处变不惊，其气定神闲，迥异于此。

> （宋仁宗天圣元年）冬，契丹猎燕蓟，候卒报有兵入钞②，边州皆警。继勋（按，时继勋知雄州）曰："契丹岁赖汉金缯，何敢损盟好耶?"居自若，已，乃知渤海人叛契丹，行剽两界也。③

拯溺之人必忠于社稷，社稷之臣必其间无私，至公才可被忠为国，无私方可拯溺无回。苏轼因反对王安石变法下狱，而安石之弟安礼则同情起苏轼来。《宋史·王安礼传》于此有云：

> 苏轼下御史狱，势危甚，无敢救者。安礼从容言："自古

---

① 啮：啃或咬。
② 钞：同"抄"。
③ 脱脱等：《宋史》卷二百八十九《高继勋传》。

大度之主，不以言语罪人。轼以才自奋，谓爵位可立取，顾录录①如此，其心不能无觖望。今一旦致于理，恐后世谓陛下不能容才。”帝曰：“朕固不深谴也，行为卿贯之。卿第去，勿漏言，轼方贾怨于众，恐言者缘以害卿也。”李定、张璪皆擿使勿救，安礼不答，轼以故得轻比。

其从容而言，神宗亦悟，其不答而救，苏轼竟得救。而安礼拯溺，亦非一时之举。《宋史·王安礼传》载：

熙宁中，鄜延路城啰兀，河东发民四万负饷，宣抚使韩绛檄使佐役，后帅吕公弼将从之。安礼争曰：“民兵不习武事，今驱之深入，此不为寇所乘，则冻饿而死尔，宜亟罢遣。”公弼用其言，民得归，而他路遇敌者，全军皆覆。

拯溺之事，非容易之事，欲收其功，必有其力焉。宋哲宗之时，司马光为门下侍郎，章惇知枢密院，“二人不相合，惇每以谑侮②困光，光苦之”③。

苏轼善章惇，亦善司马光。何以劝解，何以两全？是个问题。《宋史·苏轼传》云：

---

① 录录：同“碌碌”。

② 谑侮：开玩笑捉弄。

③ 脱脱等：《宋史》卷三百三十八《苏轼传》。

轼谓惇曰："司马君实（按，司马光字君实）时望甚重。昔许靖以虚名无实，见鄙于蜀先主（按，即刘备），法正（按，蜀尚书令、护军将军）曰：'靖之浮誉，播流四海，若不加礼，必以贱贤①为累。'先主纳之，乃以靖为司徒。许靖且不可慢，况君实乎?"惇以为然，光赖以少安。

破山中贼易，破心中贼难。贤良本色，以此为证。

① 贱贤：以贤为贱。

仁　恕

《北齐书·段荣传》称“荣性温和，所历皆推仁恕，民吏爱之”。段荣何以仁恕？

段荣墓志

> 高祖（按，即高欢）入洛，论功封（荣）姑臧县侯，邑八百户。转授瀛洲刺史。荣妻，皇后（按，即娄氏，高欢后）姊也，荣恐招私亲之议，固推诸将，竟不之州。①

其避嫌之恐，岂非仁恕之意邪？

此后，段荣“除山东大行台、大都督，甚得物情”②。其物情之得，岂非仁恕之意邪？

无独有偶。《隋书·伊娄谦传》评娄谦：“其宽厚仁恕，皆此类也。”此类何类？原来，伊娄谦聘齐观衅，北周武帝随即备战，准备伐齐。但是，北齐明了北周的意图，又有伊娄谦参军高遵的告密，北周扣留了伊娄谦。《隋书·伊娄谦传》于此有云：

> 帝（按，即宇文邕，北周武帝）克并州，召谦劳之曰：“朕之举兵，本俟卿还；不图高遵中为叛逆，乖朕宿心，遵之罪也。”乃执遵付谦，任令报复。谦顿首请赦之，帝曰：“卿可聚众唾面，令（遵）知愧也。”谦跪曰：“以遵之罪，又非唾面之责。”帝善其言而止。谦竟待遵如初。

其顿首请赦，其跪而求情，皆非常人之举。以此看来，仁恕之心，所涵颇广，非止一端，亦非止一时。《宋史·李清臣传》云：

---

① 李百药：《北齐书》卷十六《段荣传》。

② 李百药：《北齐书》卷十六《段荣传》。

（清臣）为人宽洪，不忮害。尝为舒亶所劾，及在尚书，亶以赃抵罪，独申救之，曰：“亶信亡状①，然谓之赃则不可。”再为姚勔所驳，当绍圣②议贬，或激使甘心，清臣为之言曰：“勔以职事，所见或不同，岂应以臣故而加重？”帝（按，即赵煦，宋哲宗）悟，薄勔罪。

仁恕之难，非仁之难，恕之难也。独申救之，谓舒亶无人救而救之。而所救之人，恰劾己之人，故救之不为不难也。激使甘心，谓清臣薄人之罪之难。而欲薄之人，恰驳己之人，故薄之不为不难也。本难之而能易之，固非一时之功，亦非一地之力也。

春风得意时，青年才俊李清臣愿待举主：

（清臣）举进士，调邢州司户参军、和川令。岁满，荐者逾十数，应得京官。适举将③薛向有公事未竟，阂铨格④，判铨张掞擿使自陈勿用。清臣曰：“人以家保己而已舍之，薄矣。愿待之。”⑤

人命关天时，中书令李清臣活人无数：

---

① 亡状：无礼。

② 绍圣：宋哲宗赵煦年号。

③ 举将：举主。

④ 铨格：铨试之规章制度。

⑤ 脱脱等：《宋史》卷三百二十八《李清臣传》。

> 鄜延亡金明寨，主将张舆战没，惇（按，即章惇）怒，议尽戮全军四千人。清臣曰："将死亦多端，或先登争利，或轻身入敌。今悉诛吏士，异时亡将必举军降虏矣。"于是但诛牙兵十六辈。①

仁在日常，故变生之时，亦能仁人；恕在日常，故变生之时，亦能恕人。日常不仁，变时难仁；日常不恕，变时难恕。此种况味，非仁恕之人，难尽知焉。

以此观之，仁恕之人，难免刻板，难免可爱且让人如浴春风。《梁书·张率传》云：

> （张率）在新安，遣家僮载米三千石还吴宅（按，率为吴郡吴人），既至，遂耗太半。率问其故，答曰："雀鼠耗也。"率笑而言曰："壮哉雀鼠。"竟不研问。

张率之仁恕，可谓风趣，可谓雅致，可谓别开生面！

---

① 脱脱等：《宋史》卷三百二十八《李清臣传》。

乖 张

北院枢密使萧合卓病了，北府宰相萧朴问疾之时，“合卓执其手曰：‘吾死，君必为枢密使，慎勿举胜己者。’朴出而鄙之。是日（合卓）卒。”①

其实，鄙之者非止一时一人。“时议以为（合卓）无完行②，不可大用；南院枢密使王继忠侍宴，又讥其短。”③

合卓以性谨恪、善占对被委以任。但其临终之言，确乎乖张、暗于大体，讥之鄙之，盖亦有因。

《左传·宣公十年》云：“楚子（按，即楚庄王）伐郑。晋士会救郑，逐楚师于颍北。”《左传·成公二年》云：“（齐晋鞌之战，）齐师败绩。逐之，三周华不注。”《左传·成公六年》云：“晋栾书救郑，与楚师遇于绕角。楚师还，晋师遂侵蔡。”《左传·

① 脱脱等：《辽史》卷八十一《萧合卓传》。

② 完行：使操行完美。

③ 脱脱等：《辽史》卷八十一《萧合卓传》。

成公八年》云："晋栾书侵蔡，遂侵楚，获申骊。楚师之还也，晋侵沈，获沈子揖初……"

以上事，皆在晋景公之时。景公在位十九年，攻楚伐齐，救郑救鲁，可谓不负其祖文公。一生有板有眼的他，最后却迎来厉鬼入梦。梦醒之后，他召来桑田巫。"公曰：'何如?'（桑田巫）曰：'不食新[1]矣。'"等到病入膏肓，他召来医生，"医至，曰：'疾不可为也……'公曰：'良医也。'厚为之礼而归之"。[2]

晋景公出行图

① 新：新麦。

② 左丘明：《左传·成公十年》。

新麦下来了，新麦烹煮好了，晋景公还没有死。于是，他“召桑田巫，示而杀之。将食，张①，如厕，陷而卒”②。

厚礼医生，而杀桑田巫，其乖张之甚，不言而喻。

杨恽乃丞相杨敞之子，亦是太史公司马迁之外孙。《汉纪·孝宣皇帝纪》云：“（恽）公廉好义，让千万财分昆弟宗族。”杨恽可谓有善可陈。“（恽）以发霍氏（按，霍光子）反事，封平通侯。”杨恽可谓有功社稷。但终“坐怨望，不道，腰斩”。何耶?

观其事一：

> 高昌侯乘车奔入北掖门，恽曰：“尝闻奔车抵殿门，门关折，马死，而昭帝崩。今复如此。”

观其事二：

> 恽观西阁上，指桀、纣画像曰：“天子过此，一二问其过，可以得为师矣。”画人有尧、舜不称而言桀、纣。

被人告发后，汉宣帝“不忍致法，免为庶人。（恽）居家治产业，起室宅”。这时，有人写信劝诫，恽回信有言：“方今盛汉之

---

① 张：同“涨”。

② 左丘明：《左传·成公十年》。

隆，愿勉旃①，无多谈。”又有人当面慰勉他，他回言有问：“有功何益？”

《汉纪·孝宣皇帝纪》评曰：“自伐其贤能，性好刻害，发人阴伏，轻慢士人，卒以此败。”已说尽杨恽乖张之状。以此观之，其最终落得个腰斩的结局，亦在情理之中。

乖张之势成，速祸之路亦成！

---

① 旃：“之焉”的合音。

机　警

《辽史·陈昭衮传》载：

> （辽圣宗）开泰五年秋，大猎，帝射虎，以马驰太速，矢不及发。虎怒，奋势将犯跸。左右辟易，昭衮舍马，捉虎两耳骑之。虎骇，且逸。上命卫士追射，昭衮大呼止之。虎虽轶①山，昭衮终不堕地。伺便，拔佩刀杀之。

惊险有之，勇力有之，忠心有之，机警有之。昭衮"迁归义军节度使，同知上京留守，历西南面招讨都监"，其见重如此，应与那次伏虎大有干系。

《陈书·徐陵传》载：

> （南梁武帝）太清二年，（徐陵）兼通直散骑常侍。使魏，

① 轶：同"逸"。

魏人授馆宴宾。是日甚热，其主客魏收嘲陵曰："今日之热，当由徐常侍来。"陵即答曰："昔王肃（按，曹魏大臣，经学家）至此，为魏始制礼仪；今我来聘，使卿复知寒暑。"收大惭。

惊险有之，学识有之，忠心有之，机警有之。

及朝议北伐……众议咸以中权将军淳于量位重，共署推之。陵独曰："不然。吴明彻家在淮左，悉彼风俗，将略人才，当今亦无过者。"于是争论累日不能决。都官尚书裴忌曰："臣同徐仆射。"陵应声曰："非但明彻良将，裴忌即良副也。"是日，诏明彻为大都督，令忌监军事，遂克淮南数十州之地。

惊险有之，见识有之，忠心有之，机警有之。斯议遂定，斯事遂成。

《北史·何妥传》云：

妥少机警，八岁游（南梁）国子学，助教顾良戏之曰："汝姓何，是荷叶之荷？为河水之河？"妥应声答曰："先生姓顾，是眷顾之顾？为新故之故？"众咸异之。

何妥入《北史·儒林传》，平生所撰《周易讲疏》三卷、《孝经义疏》二卷、《庄子义疏》四卷，并行于世。其少年机警，恰可作日后有为之注解。

《晋书·王浑传》云：

> 楚王玮（按，即司马玮，晋武帝子）将害汝南王亮（按，即司马亮，晋武帝叔父）等也，公孙宏说玮曰："昔宣帝（按，即司马懿，晋武帝祖父）废曹爽，引太尉蒋济参乘，以增威重。大王今举非常事，宜得宿望，镇厌①众心。司徒王浑宿有威名，为三军所信服，可请同乘，使物情②有凭也。"玮从之。浑辞疾归第，以家兵千余人闭门距玮。玮不敢逼。俄尔玮以矫诏伏诛，浑乃率兵赴官。

变乱在即，邀以同乘，何去何从，至为要害。王浑机警，辞疾归第，闭门拒乱，玮不能逼。

《后汉书·刘宽传》云：

> （汉灵帝）熹平五年，（宽）代许训为太尉。灵帝颇好学艺，每引见宽，常令讲经。宽尝于坐被酒睡伏。帝问："太尉醉邪？"宽仰对曰："臣不敢醉，但任重责大，忧心如醉。"帝重其言。

---

① 镇厌：即镇压，此为控制意。

② 物情：民心。

一时过失，因为机警，竟成佳话。但机警并不等于识体，不等于有为，不等于尽忠，一旦过界，则群议随之，褒贬随之，人心亦离之。

何妥虽机警有口才，但性劲急，好是非人物。《北史·何妥传》云：

> 纳言苏威尝言于上（按，即杨坚，隋文帝）曰："臣先人每诫臣云：唯读《孝经》一卷，足可立身经国，何用多为。"上亦然之。妥进曰："苏威所学，非止《孝经》。厥父若信有此言，威不从训，是其不孝；若无此言，面欺陛下，是其不诚。不诚不孝，何以事君？且夫子又云：'不读《诗》无以言，不读《礼》无以立。'岂容苏绰（按，苏威父）教子，独反圣人之训乎？"

且日后上书，苏威过去隐居之事也被何妥拿来讥讽，二人矛盾由此激化。开皇二年，苏威定考文学，"妥更相诃诋。威勃然曰：'无何妥，不虑无博士！'妥应声曰：'无苏威，亦何忧无执事！'"①

之后，何妥诋毁朝臣，因此得罪多人。《北史·何妥传》云：

> 时上方使苏夔在太常参议钟律，夔有所建议，朝士多从

① 李延寿：《北史》卷八十二《何妥传》。

之。妥独不同，每言夔之短。帝下其议，群臣多排妥。妥复上封事，指陈得失，大抵论时政损益，并指斥当世朋党。于是苏威及吏部尚书卢恺、侍郎薛道衡等皆坐得罪。

其机警已完全滑向了公议的对立面。

以此观之，机警非智慧，虽可以防身，可以进身，但也可以败坏声誉。

猎　妒

或曰，妒为天性，非为后天，果如此耶，非如此耶？

郭槐之妒可谓烈矣。《晋书·贾充传》云：

> 充（按，即贾充）妇广城君郭槐（按，贾南风母），性妒忌。初，黎民（按，贾充长子）年三岁，乳母抱之当阁。黎民见充入，喜笑，充就而拊之。槐望见，谓充私乳母，即鞭杀之。黎民恋念，发病而死。后又生男，过期复为乳母所抱，充以手摩其头。郭疑乳母，又杀之，儿亦思慕而死。充遂无胤嗣①。

虎母无犬女。“（晋武帝）泰始八年二月辛卯，册拜（贾南风）太子（按，即司马衷，晋惠帝）妃。妒忌多权诈，太子畏而惑之，嫔御罕有进幸者。”即有幸者，辄遭其毒手。“尝手杀数人。

① 胤嗣：后嗣，后代。

或以戟掷孕妾，子随刃坠地。”①

生性酷虐，后又有了皇后身份，贾南风妒性更甚。

> 后（按，即贾南风）暴戾日甚。……乃使帝（按，即司马衷，晋惠帝）作密诏令玮（按，即司马玮）诛瓘（按，即卫瓘）、亮（按，即司马亮）……

呼风唤雨中，她先是废太子，后又害太子，终于等来被赐死的一天。

> 及太子（按，即司马遹，晋惠帝太子）废黜，赵王伦（按，即司马伦）、孙秀等因众怨谋欲废后。后数遣宫婢微服于人间视听，其谋颇泄。后甚惧，遂害太子，以绝众望。赵王伦乃率兵

贾南风像

① 房玄龄等：《晋书》卷三十一《惠贾皇后传》。

入宫，使翊军校尉齐王冏（按，即司马冏）入殿废后。①

妒火中烧，由妒生恨，恨极伤人，乃至于伤己，岂偶然欤？岂必然欤？心妒重于言妒，贾南风有其母之遗风，等到郭槐要劝诫时，已经来不及了。

《宋史·苏绅传》云：

> 王素、欧阳修为谏官，数言事，绅忌之。会京师闵雨，绅请对，言："《洪范》五事，'言之不从，是谓不乂②，厥咎僭，厥罚常旸。'盖言国之号令，不专于上，威福之柄，或移臣下，虚哗愦乱，故其咎僭。"又曰："庶位逾节兹谓僭。刑赏妄加，群阴不附，则阳气胜，故其罚常旸。今朝廷号令，有不一者，庶位有逾节而陵上者，刑赏有妄加于下者，下人有谋而僭上者。此而不思，虽祷于上下神祇③，殆非天意。"绅意以指谏官。

但是，"谏官亦言绅举御史马端非其人，改龙图阁学士、知扬州，复为翰林学士、史馆修撰、权判尚书省"。而在此前，"（绅）进史馆修撰，擢知制诰，入翰林为学士。再迁尚书礼部郎中"。由

① 房玄龄等：《晋书》卷三十一《惠贾皇后传》。

② 不乂：不能治事。

③ 神祇：天神和地神，泛指神灵。

此看来，苏绅是被降职了。

《宋史·苏绅传》言绅“善中伤人”“喜言事”“险诐”。历史的评判终究绕不过。

循　名

富贵归乡，大多造福乡里。扬休衣锦还乡，却如白昼劫掠般，受金而去。《宋史·石扬休传》云：

扬休初在乡时，衣食不足，徒步去家十八年。后以从官还乡里，畴昔同贫窭之人尚在，皆曰："昌言（按，扬休字昌言）来，必赒我矣。"扬休卒不挥一金，反遍受里中富人金以去。

其一金不挥，贫窭者为之侧目。其为名去家，因名还乡，循名责实，止增笑耳。如其欲受而罢，里中富人会怎样看他？如其欲罢而赒，贫窭者将怎样看他？果真如此，那将是怎样的扬休！

李仕衡得能干之名，有能臣之实。《宋史·李仕衡传》云：

真宗谒陵寝，因幸洛，仕衡献粟五十万斛，又以三十万斛馈京西。朝廷以为材，召为度支副使。……封泰山，（仕衡）献钱帛、刍粮各十万，见于行宫，迁右谏议大夫。祀汾阴，又助钱帛三十万，乃命同林特提举京西、陕西转运事。权知永兴军，进给事中。逾月，以枢密直学士知益州。

没过多久，“河北阙军储，议者以谓仕衡前过助封祀费，真宗闻之，以（仕衡）为河北都转运使”。这样一个能人，《宋史》给出的结论则是：“仕衡前后管计事二十年，虽才智过人，然素贪，家资至累巨万，建大第长安里中，严若官府。”

其献也多，其贪也多，循彼之名，而得此之实，岂不悲哉！如其所献以实，所贪为虚，那将是怎样的仕衡！

又有狄棐，惜名如金。《宋史·狄棐传》云：

有狄国宾者，仁杰（按，即狄仁杰）之后，分仁杰告身①与棐，棐奏录国宾一官，而自称仁杰十四世孙。棐在河中时，有中贵人过郡，言将援棐于上前。棐答以他语，退谓所亲曰：“吾湘潭一寒士，今官侍从，可以老而自污耶？”其为政恺悌，不为表襮②，死之日，家无余资。

其答非所问，其不肯献金，其守得了清贫，其赢得了人心。循其名而责其实，则益增敬焉。如其闻言而喜，以金献之，狄棐

① 告身：古代授官的文凭。

② 表襮：即“表暴”，自炫。

之名岂用他人来污!

又有李垂,《宋史·李垂传》云:“丁谓(按,宋真宗时为宰相)执政,垂未尝往谒。或问其故,垂曰:‘谓为宰相,不以公道副天下望,而恃权怙势。观其所为,必游朱崖,吾不欲在其党中。’谓闻而恶之,罢知亳州,迁颍、晋、绛三州。”

等到日后还朝,阁门祗侯李康伯劝其往见宰相,以获知制诰一职。垂曰:“我若昔谒丁崖州(按,即丁谓),则乾兴(按,宋真宗年号)初已为翰林学士矣。今已老大,见大臣不公,常欲面折之,焉能趋炎附热,看人眉睫,以冀推挽①乎?道之不行,命也。”②

《明史·陈茂烈传》载茂烈的日常生活:“以母老终养。供母之外,不办一帷。治畦汲水,身自操作。”太守闻其辛劳,派二卒帮他,被他遣还。吏部看他清贫,让他去做晋江教谕,他也不接受。最后,地方官“奏给月米”。这时,茂烈上书朝廷说:

> 臣素贫,食本俭薄,故臣母自安于臣之家,而臣亦得以自逭③其贫,非有及人之廉,尽己之孝也。古人行佣负米,皆以为亲,臣之贫尚未至是。而臣母鞠臣艰苦,今年八十有六,来日无多。臣欲自尽心力,尚恐不及,上烦官帑④,心窃未安。

---

① 推挽:引荐,荐举。

② 脱脱等:《宋史》卷二百九十九《李垂传》。

③ 逭:逃;避。

④ 官帑:国库里的钱财。

但是，“奏上，不允。母卒，茂烈亦卒。”① 其名实何如？

所以，要“吃”得好，“吃”得健康，“吃”得稳当，就得和自己较劲，摁住一些念头，昂起一些念头！

① 张廷玉等：《明史》卷二百八十三《陈茂烈传》。

凌 厉

凌厉乃斯文之道，为守温和之心，才张粗粝之举，为保忠恕之性，才攀峭直之崖。血性面前，鼎镬之灾毁灭的，乃愚妄而已。

高浚之“豪爽”，竟让二哥感到了不爽。《北齐书·永安简平王浚传》云：

> 文宣（按，即高洋，高浚次兄）性雌懦，每参文襄（按，即高澄，高浚长兄），有时涕出。浚常责帝左右，何因不为二兄拭鼻，由是见衔。

高浚为官“矜恕”，二哥对他却不矜恕：

> 文宣末年多酒，浚谓亲近曰：“二兄旧来不甚了了，自登祚已后，识解顿进。今因酒败德，朝臣无敢谏者，大敌未灭，吾甚以为忧，欲乘驿至邺面谏，不知用吾不。”人有知，密以白帝，又见衔。

等到面见之日，“帝裸裎为乐，杂以妇女，又作狐掉尾戏。浚进言，此非人主所宜。帝甚不悦”。

但他并不止步，“又于屏处召杨遵彦，讥其不谏。帝时不欲大臣与诸王交通，遵彦惧以奏。帝大怒曰：‘小人由来难忍！’遂罢酒还宫”。

浚紧追不放，“寻还州，又上书切谏”。忍无可忍之下，文宣帝“诏令征浚，浚惧祸，辞疾不至。上怒，驰驿收浚，老幼泣送者数千人。至，盛以铁笼……”① 第二年，高浚死于铁笼。

作为宗室成员，高浚想保住的，是北齐江山。荥阳郑氏乃北朝数百年来显著之士族，实可代表唐代士大夫中主要之一脉，而郑覃正是其中之一员，所以其凌厉之气，自有底气在。《新唐书·郑覃传》云：

> 帝（按，即李昂，唐文宗）坐延英（按，即延英殿）论诗工否，覃曰：“孔子所删，三百篇是已，其非雅正者，乌足为天子道哉？夫风、大小雅，皆下刺上之变，非上化下为之。故王者采诗，以考风俗得失。若陈后主、隋炀帝特能诗之章解，而不知王术，故卒归于乱。章什谗谗②，愿陛下不取也。”

其凌厉之风，甚至刮向了家庭。覃“位相国，所居第不加饰，

---

① 李百药：《北齐书》卷十《永安简平王浚传》。

② 谗谗：巧言；能言善辩。

内无妾媵。女孙适崔皋，官裁九品卫佐，帝重其不昏权家”①。其位可谓高矣，其修身齐家可谓严矣。

“文帝（按，即司马昭）辟（毅）为相国掾，辞疾，积年不就。时人谓毅忠于魏氏，而帝怒其顾望，将加重辟②。毅惧，应命，转主簿。”日后晋武帝因其“忠蹇正直，使掌谏官”。但是，其凌厉之风随即刮向了晋武帝。《晋书·刘毅传》接续有云：

> 帝（按，即司马炎，晋武帝）尝南郊，礼毕，喟然问毅曰：“卿以朕方汉何帝也？”毅曰：“可方桓灵（按，即汉桓帝、汉灵帝）。”帝曰：“吾虽德不及古人，犹克己为政。又平吴会，混一天下。方之桓灵，其已甚乎！”对曰：“桓灵卖官，钱入官库；陛下卖官，钱入私门。以此言之，殆不如也。”帝大笑曰：“桓灵之世，不闻此言。今有直臣，故不同也。”

凌厉中有倔强，亦有不阿。《梁书·陆杲传》云：

> 山阴令虞肩在任，赃污数百万，杲奏收治。中书舍人黄睦之以肩事托杲，杲不答。高祖（按，即萧衍，南梁武帝）闻之，以问杲，杲答曰：“有之。”高祖曰：“卿识睦之不？”杲答曰：“臣不识其人。”时睦之在御侧，上指示杲曰：“此人

① 欧阳修、宋祁：《新唐书》卷一百六十五《郑覃传》。

② 重辟：极刑，死罪。

是也。”杲谓睦之曰：“君小人，何敢以罪人属①南司。”睦之失色。

凌厉之声，凌厉之骨，惊心动魄，荡气回肠。锦衣百户王邦奇请诛首辅杨廷和等，又污大学士费宏等阴庇廷和，且牵连廷和之子杨惇等。大狱将兴之时，杨言抗疏：

杨言像

先帝（按，即朱厚照，明武宗）晏驾，江彬手握边军四万，图为不轨。廷和密谋行诛，俄顷②事定，迎立圣主（按，即朱厚熜，明世宗），此社稷之勋也。纵使有罪，犹当十世宥之。今既以奸人言罢其官，戍其长子矣，乃又听邦奇之诬而尽逮其乡里、亲戚，诬为蜀党，何意圣明之朝，忽有此事。至宏（按，即费宏）、瑶（按，即石瑶）乃天子师保之官，百僚之表也。邦奇心怀怨望，文饰奸言，诟辱大臣，

① 属：同“嘱”。

② 俄顷：片刻。

荧惑圣听。若穷治不已，株连益多，臣窃为国家大体惜也。[1]

书奏，世宗震怒，“并收系[2]言（按，言时为礼科给事中），亲鞫[3]于午门。群臣悉集。言备极五毒，折其一指，卒无挠词”[4]。

铮铮之声，铮铮之骨，铮铮之节，铮铮之人。铮铮如此，亦复何求？

---

① 张廷玉等：《明史》卷二百七《杨言传》。

② 收系：逮捕关押。

③ 鞫：审问。

④ 张廷玉等：《明史》卷二百七《杨言传》。

质 直

鲁昭公二十八年冬，“梗阳人有狱，魏戊（按，时为梗阳大夫）不能断，以狱上。其大宗赂（魏舒）以女乐，魏子（按，即魏舒，魏戊父）将受之”。

魏戊感到事态严重，开始想办法阻止父亲。魏戊谓晋大夫阎没、女宽曰：“主（按，即魏舒）以不贿闻于诸侯，若受梗阳人，贿莫甚焉。吾子必谏！”二人皆许诺。

魏戊的阻止之法，竟是把这事公开：

> 退朝，待于庭。馈入，召之。比置，三叹。既食，使坐。魏子曰：“吾闻诸伯叔，谚曰，‘唯食忘忧’。吾子置食之间三叹，何也？”同辞而对，曰：“或赐二小人酒，不夕食①。馈之始至，恐其不足，是以叹。中置，自咎曰：‘岂将军（按，即魏舒）食之而有不足？’是以再叹。及馈之毕，愿以小人之

① 不夕食：没吃晚饭。

腹为君子之心，属①厌②而已。”献子（按，即魏舒）辞梗阳人。③

先是慨然允诺，后是同辞而对，一叹二叹，至于三叹。以小人之腹，度君子之心，这个比方匪夷所思，但竟摇落了贪婪。魏戊之化私为公，阎没、女宽之苦心孤诣，展露出的都是质直之力。

牛弘像

质直之人自有其缺憾，魏戊之“不能断”，牛弘之“不能言”，正如此类。《隋书·牛弘传》云：隋炀帝尝令牛弘宣敕，弘至阶下，不能言，退还拜谢，云：“并忘之。”上曰：“传语小辩，故非宰臣任也。”愈称其质直。

其质直，让人忌惮。隋文帝时，“杨素恃才矜贵，轻侮朝臣，唯见弘未尝不改过自肃”④。

其质直，让人介怀：

---

① 属：刚好。

② 厌：满足。

③ 左丘明：《左传·昭公二十八年》。

④ 魏征等：《隋书》卷四十九《牛弘传》。

素（按，即杨素）将击突厥，诣太常与弘言别。弘送素至中门而止，素谓弘曰："大将出征，故来叙别，何相送之近也?"弘遂揖而退。素笑曰："奇章公（按，即牛弘）可谓其智可及，其愚不可及也。"亦不以屑怀①。②

其质直，使其处变不惊：

（牛弘）有弟曰弼，好酒而酗，尝因醉，射杀弘驾车牛。弘来还宅，其妻迎谓之曰："叔射杀牛矣。"弘闻之，无所怪问，直答云："作脯。"坐定，其妻又曰："叔忽射杀牛，大是异事!"弘曰："已知之矣。"颜色自若，读书不辍。③

质直之遗憾，质直之迷人，互为幻化，实难分辨。《晋书·刘卞传》云：

（刘卞）本兵家子，质直少言。少为县小吏，功曹夜醉如厕，使卞执烛，不从，功曹衔之，以他事补亭子。

遗憾与机会有时接踵而至。《晋书·刘卞传》于此接续云：

---

① 屑怀：犹介意。

② 魏征等：《隋书》卷四十九《牛弘传》。

③ 魏征等：《隋书》卷四十九《牛弘传》。

有祖秀才者，于亭中与刺史笺，久不成，卞教之数言，卓荦①有大致。秀才谓县令曰："卞，公府掾之精者，卿云何以为亭子？"令即召为门下吏，（卞）百事疏简，不能周密。

这位刘卞，后来"入为左卫率，知贾后（按，即贾南风，晋宣帝皇后）废太子之谋，甚忧之"。之后，其不平之言为贾后侦知，"乃饮药卒"。②

质直在，忠厚会在。《明史·蹇义传》云：

义（按，即蹇义）视原吉（按，即夏原吉）尤重厚，然过于周慎。士奇（按，即杨士奇）尝于帝（按，即朱高炽，明仁宗）前谓义曰："何过虑？"义曰："恐卤莽为后忧耳。"帝两是之。杨荣尝毁义。帝不直③荣。义顿首言："荣无他。即左右有谗荣者，愿陛下慎察。"帝笑曰："吾顾弗信也。"

质直在，忠贞会在。《明史·路振飞传》云：

初（按，时崇祯六年），振飞（按，即路振飞，时巡按福建）论海贼情形，谓巡抚邹维琏不能办，语侵之。维琏罢去。

① 卓荦：明显。

② 房玄龄等：《晋书》卷三十六《刘卞传》。

③ 不直：不信任。

命甫下，数奏捷，振飞乃力暴其功，维琏复召用。

明仁宗像

《隋书·杨素传》言杨素“专以智诈自立，不由仁义之道”，言其“谋废冢嫡（按，即杨勇，隋文帝太子），致国于倾危”。临死之日，其竟有“质直”之意，“素寝疾之日，帝（按，即隋炀帝）每令名医诊候，赐以上药。然密问医人，恒恐不死。素又自知名位已极，不肯服药，亦不将慎①，每语弟约（按，即杨约）曰：‘我岂须更活耶？’”

杨广即位，杨素有帮扶之功，但杨广恒恐其不死，究为何因？质不离直，直不离质，如影随形。

① 将慎：调养保重。

相 知

处于困境不能自救时，陷入倾轧无所措手时，百无聊赖几近幻灭时，人需要的是什么？相知相交，能救人于水火，也能拔人于无闻。当胸中丘壑渐次成了高峰，你能感受到生命不可承受之重。

王郎起兵，发檄文捉拿刘秀。危急时刻，刘秀让王霸出去招兵，但无人应召。南撤途中，传闻王郎追兵在后，众人恐惧。《后汉书·王霸传》于此有云：

> 及至滹沱河，候吏还白河水流澌①，无船，不可济。官属大惧。光武令霸往视之。霸恐惊众，欲且前，阻水，还即诡曰："冰坚可度。"官属皆喜。光武笑曰："候吏果妄语也。"遂前。比至河，河冰亦合，乃令霸护度，未毕数骑而冰解。

---

① 流澌：江河解冻时流动的冰块。

相知感天动地，故而冰合冰解。

在此之前，作为司隶校尉的刘秀途径颍阳。王霸听闻，想要追随，其父曰："吾老矣，不任军旅，汝往，勉之！"后来，"霸从至洛阳。及光武为大司马，以霸为功曹令史，从度河北。宾客从霸者数十人，稍稍引去。光武谓霸曰：'颍川从我者皆逝，而子独留。努力！疾风知劲草。'"①

其父相知，故而勉之；刘秀相知，故曰努力；王霸相知，故留不走。

唯其以心换心，故而相交日深。《北史·孟业传》云：

> 魏彭城王韶（按，即元韶），齐神武（按，即高欢）之婿也，拜定州刺史，除业为典签。长史刘仁之谓业曰："我处其外，君居其内，同心戮力，庶有济乎？"未几，仁之入为中书令，

王霸像

① 范晔：《后汉书》卷二十《王霸传》。

> 临路启韶云："殿下左右可信任者，唯有孟业，愿专任之，余人不可信也。"

唯其相知颇深，故而勉励有加。《北史·孟业传》载仁之与业别，执手曰："今我出都，君便失援，恐君在后，不自保全，唯正与直，愿君自勉。"

唯其正直大张，故而不负相知。裴英起与孟业曾同事元韶，当北齐文宣帝问起孟业时，裴英起对曰"其人清忠正直，世所希有"。于是，孟业被任为中书舍人。《北史·孟业传》载：

> 有一道士由吾道荣以术艺被迎，将入内，业为通名，忽于众中抗声奏云："由吾（按，即由吾道荣）道士不食五谷。"帝命推而下之。又令点检百官，敷奏失所，帝遣人以马鞭击业头，至于流血。

孟业之血所浇，正可谓疾风之于劲草！

悯 农

沧桑山河，悲苦农人。战乱之残酷，常伴人心之柔软。

刘审交任右卫上将军、陈州防御使时，“出视民田，见民耕器薄陋，乃取河北耕器为范，为民更铸”①。

王周任刺史时，“定州桥坏，覆民租车，周曰：‘桥梁不修，刺史过也。’乃偿民粟，为治其桥”②。

刘审交、王周如此悯农，令人感动。

既有柔软，必有刚猛，刚柔相济，方为悲悯。

前此，审交为民请命，竭尽其力。《新五代史·刘审交传》于此有云：

> 是时，晋高祖（按，即石敬瑭）分户部、度支、盐铁为三使，岁余，三司益烦弊，乃复合为一，拜审交三司使。议

① 欧阳修：《新五代史》卷四十八《刘审交传》。

② 欧阳修：《新五代史》卷四十八《王周传》。

者请检天下民田，宜得益租，审交曰："租有定额，而天下比年无闲田，民之苦乐，不可等也。"遂止不检，而民赖以不扰。

汉画像砖上的农事收割图

张荣降元，被授紫金光禄大夫、山东行尚书省，兼兵马都元帅、知济南府事。《元史·张荣传》云：

时河南民北徙至济南，荣下令民间，分屋与地居之，俾得树畜，且课其殿最①，旷野开为乐土。是岁，中书考绩，为

① 殿最：课考，评比。

天下第一。李璮据益都，私馈以马蹄金，荣曰："身既许国，何可擅交邻境！"却之。……致仕卒，年八十三。

其刚如刃，其柔似水，悲悯得乎其正，宜其善终也哉！

由元而明，同在济南，同为知府，赵璜之于农人，亦悲悯为怀。《明史·赵璜传》云：

猾吏舞文，积岁为蠹。璜择愿民教之律令，得通习者二十余人，逐吏而代之。

汉庶人（按，即朱高煦，朱棣次子）牧场久籍于官，募民佃。德王府奏乞之，璜勘还之民。

前有逐滑吏，还田于民；后有除民租，抑止番僧。《明史·赵璜传》云：

（赵璜）迁右佥都御史，巡抚宣府。寻调山东。河滩地数百里，赋流民垦而除其租。番僧乞征以充斋粮，帝许之，璜力争得免。

董文炳十六岁时，其父病殁，因为父亲的缘故，他被任命为藁城令。《元史·董文炳传》云：

县贫，重以旱蝗，而征敛日暴，民不聊生。文炳以私谷数千石与县，县得以宽民。前令因军兴乏用，称贷于人，而贷家取息岁倍，县以民蚕麦偿之。文炳曰："民困矣，吾为令，义不忍视也，吾当为代偿。"乃以田庐若干亩计直与贷家，复籍县闲田与贫民为业，使耕之。于是流离渐还，数年间民食以足。

临安陷落之后，张世杰奉吉王赵昰据台州。文炳进兵，所过之处禁止士马践踏田麦，曰："在仓者吾既食之，在野者汝又践之，新邑之民何以续命。"①

一边是追杀，一边是悯农，文炳之内心，何其悲悯又无奈！

① 宋濂等：《元史》卷一百五十六《董文炳传》。

失 位

《左传·昭公十六年》载：

三月，晋韩起聘于郑，郑伯（按，即郑定公）享之。子产戒曰："苟有位于朝，无有不共恪①。"孔张后至，立于客间，执政御②之；适③客后，又御之；适县④间。客从⑤而笑之。

孔张失位，谁之过邪？郑大夫富子归咎于子产："孔张失位，

---

① 共恪：恭敬。
② 御：阻止。
③ 适：退到。
④ 县：钟磬等悬乐。
⑤ 从：因此。

吾子之耻也。”盛怒之下，子产斥责富子：“子宁以他规①我。”②享晋之前，子产已戒，边界清楚，岂容有疑？

鲁昭公二十一年三月，“葬蔡平公（按，即蔡平侯）。蔡大子朱失位，位在卑③”④。

朱之失位，谁之过邪？之后不久，真相浮出：

> 蔡侯朱出奔楚。费无极取货⑤于东国（按，即蔡悼侯），而谓蔡人曰：“朱不用命于楚，君王（按，即楚平王）将立东国。若不先从王欲，楚必围蔡。”蔡人惧，出朱而立东国。⑥

蔡平侯是蔡灵侯的弟弟，蔡悼侯是蔡灵侯的孙子，那么蔡侯朱就是蔡悼侯的叔叔了，也就是说，东国乃是朱的侄子。暗流涌动中，朱一失位次，再失君位，因果清楚，无复疑焉。

《宋史·兵志七》云：

> （宋钦宗靖康元年）十一月，京城四壁共十万人，黄人黄旗满市。时应募者多庸丐，殊无斗志。闰十一月，何㮚用王健

---

① 规：规劝。

② 左丘明：《左传·昭公十六年》。

③ 卑：位次低下。

④ 左丘明：《左传·昭公二十一年》。

⑤ 货：贿赂。

⑥ 左丘明：《左传·昭公二十一年》。

募奇兵，虽操瓢行乞之人，亦皆应募，仓卒①未就纪律。奇兵乱，殴王健，杀使臣数十人，内前大扰。王宗濋斩渠魁数人，乃定。及出战，为铁骑所冲，望风奔溃，歼焉。

钦宗失位，谁之过邪？金人压境，兵临城下，乱象丛生，不堪之甚也。失去帝位，被掳北去，天命尽矣。

《宋史·乐志一》载：

古代吹竽泥塑

真宗咸平四年，太常寺言："乐工习艺匪精，每祭享郊庙，止奏黄钟宫一调，未尝随月转律，望示条约。"乃命翰林侍读学士夏侯峤、判寺郭贽同按试，择其晓习月律者，悉增

① 仓卒：亦作"仓促""仓猝"。

月奉，自余权停廪给，再俾学习，以奖励之。虽颇振纲纪，然亦未能精备。盖乐工止以年劳①次补，而不以艺进，至有抱其器而不能振作者，故难于骤变。

宋真宗景德二年八月，监察御史艾仲孺上言，请修饰乐器，调正音律，乃诏翰林学士李宗谔权判太常寺，及令内臣监修乐器。后复以龙图阁待制戚纶同判寺事，乃命太乐、鼓吹两署工校其优劣，黜去滥吹者五十余人。

乐工失位，谁之过邪？习艺不精，滥竽充数，自要停其供给，黜其岗位。虽有纲纪之振，却换不来乐器之振，盖以年劳次补，不以艺进故也。

《三国志·蜀书·杨戏传》载：

（蜀汉后主）延熙二十年，（杨戏）随大将军姜维出军芒水。戏素心不服维，酒后言笑，每有傲弄之辞。维外宽内忌，意不能堪，军还，有司承旨奏戏，免为庶人。

杨戏何以失位？其奉职处世，不以“甘言加人”，不以“过情接物”，得罪姜维，正是其罪耳！

坐废由己，非由人也。《北史·张威传》云：

---

① 年劳：年数和劳绩。

（威）迁青州总管。在青州颇事产业，迁家奴于人间鬻芦菔根①，其奴缘此侵扰百姓。上（按，即杨坚，隋文帝）深加谴责，坐废于家。

悔过由己，非由人也。《北史·张威传》于此接续云：

（威）后从上祀太山②，至洛阳，上责让之，因问威所执笏安在。威顿首曰："臣负罪，无颜复执，谨藏于家。"

复位由人，亦由己也。《北史·张威传》于此接续云：

上曰："可持来。"威明日奉笏以见，上曰："公虽不遵法度，功效实多，今还公笏。"于是复拜洛州刺史。

失席位，失君位，失帝位，失岗位，失官位，凡此种种，何可尽言！失而复得，传递了什么？

---

① 芦菔根：即萝卜。

② 太山：即泰山。

细　行

细行非细，关乎名节，关乎成败，关乎性命。

人多扬长避短，赵仲将反其道而行之。《北史·赵彦深传》云：

> (仲将)学涉群书，善草隶，虽与弟书，书字楷正。云："草不可不解，若施之于人，即似相轻易①；若当家②卑幼，又恐其疑所在宜尔。是以必须隶笔。"

此一细行，如莺飞草长，令人舒畅。其仕北齐，仕北周，终于隋安州刺史。《北史》评其"温良恭俭"，可谓至当。

人难以遏制欲望，却往往忽略担当。冯慈明直道事人，出兵击李密，为翟让所杀。慈明长子冯忱"遣奴负父尸柩诣东都，身

---

① 轻易：轻率。

② 当家：自家。

不自送。未几，又盛华烛①纳室，时论丑之”②。

人时常暗自较量，却鲜于公开叫板。孙搴少时与温子昇齐名，尝谓子昇曰：“卿文何如我？”子昇谦曰：“不如卿。”搴要其立誓。子昇笑曰：“但知劣于卿便是，何劳旦旦③？”搴怅然曰：“卿不为誓，事可知矣！”④

此一细行，如蚊蝇扑面，令人蹙眉。有人劝孙搴“须更读书”，他则答曰：“我精骑三千，足敌君羸卒数万。”与人饮酒，搴竟“醉甚而卒”。《北史》评其“学浅行薄”⑤，可谓至当。

人熟于明敏和练达，却暗于明察和质正。北齐文宣帝曾近出，令张曜居守。“帝夜还，曜不时开门，勒兵严备。帝驻跸门外久之，催迫甚急。曜以夜深，须火至面识，门乃可开。于是独出见帝。帝笑曰：‘卿欲效郅君章（按，即郅恽，字君章，东汉初年名臣）也？’乃使曜前开门，然后入。”⑥

前此，“韩轨为御史劾，州府僚佐及轨左右以赃挂网者百余人，唯曜以清白免”。张曜做官，“每得禄赐，辄散之宗族”。《北史》评其“奉职恪勤”⑦，可谓至当。

---

① 华烛：结婚所用画有彩饰的蜡烛，借指婚礼。

② 李延寿：《北史》卷五十五《冯慈明传》。

③ 旦旦：盟誓。

④ 李延寿：《北史》卷五十五《孙搴传》。

⑤ 李延寿：《北史》卷五十五《孙搴传》。

⑥ 李延寿：《北史》卷五十五《张曜传》。

⑦ 李延寿：《北史》卷五十五《张曜传》。

人赏面折之勇，但若太过简率，则其害深焉。北齐文宣帝尝问杜弼："治国当用何人？"弼对曰："鲜卑车马客，会须用中国人。"① 帝以为弼讥己。因为北齐高氏乃鲜卑化之汉人，高洋之鲜卑名即曰侯尼于。

杜弼所为，不止于此。《北史·杜弼传》云：

> 高德正居要，（弼）不能下之，乃至于众前面折德正。德正深以为恨，数言其短。又令主书杜永珍密启弼在长史日，受人属，大营婚嫁，帝（按，即高洋）内衔之。弼恃旧，仍有公事陈请。
>
> 十年夏，上因饮酒，积其愆失，遣使就州斩之。寻悔，驿追不及。

于此可见，杜弼之命，止于其细行愆失。人忽略于细行，细行却不忽略人。《明史·陈循传》云：

> （明景帝）景泰二年，（陈循）以葬妻与乡人争墓地，为前后巡按御史所不直，循辄讦奏。给事中林聪等极论循罪。帝（按，即朱祁钰，明景帝）是聪言，而置循不问。循本以才望显，及是素誉隳焉。

---

① 李延寿：《北史》卷五十五《杜弼传》。

人忽略于细行，细行往往被赋予深意。李琪博学多才，但拙于遵养时晦，不能镇静。言其细行者三：

会琪除吏，是试摄名衔，改“摄”为“守”，为顼（按，即萧顼）所奏，梁帝（即朱友贞，后梁末帝）大怒，将投诸荒裔，而为赵岩辈所援，罢相，为太子少保。

天成（按，后唐明宗李嗣源之年号）末，明宗自汴州还洛，琪为东都留司官班首，奏请至偃师奉迎。时琪奏中有“败契丹之凶党，破真定之逆城”之言，诏曰：“契丹即为凶党，真定不是逆城，李琪罚一月俸。”

（琪）又奉敕撰霍彦威神道碑文。琪，梁之故相也，叙彦威仕梁历任，不言其伪。中书奏曰：“不分真伪，是混功名，望令改撰。”诏从之。

细行之巨，足以掩人之光，足以扬人之恶。

魏收之学可谓广博。《北齐书·魏收传》云：

（东魏孝静帝）武定二年，（收）除正常侍，领兼中书侍郎，仍修史。魏帝宴百僚，问何故名人日，皆莫能知。收对曰：“晋议郎董勋《答问礼俗》云：‘正月一日为鸡，二日为狗，三日为猪，四日为羊，五日为牛，六日为马，七日为人。’”时邢卲亦在侧，甚恧焉。

魏收之识可谓深邃。《北齐书·魏收传》又云：

自魏、梁和好，书下纸每云："想彼境内宁静，此率土安和。"梁后使，其书乃去"彼"字，自称犹著"此"，欲示无外之意。收定报书云："想境内清晏，今万国安和。"梁人复书，依以为体。

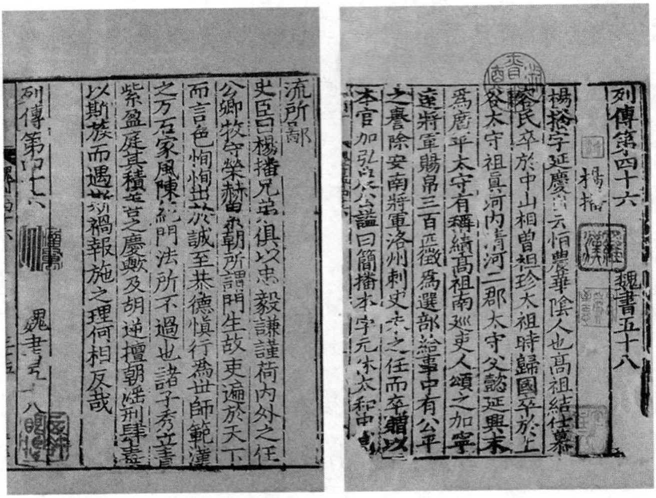

列傳第四十六　魏書五十八
楊播
楊播字延慶自云恒農華陰人也高祖結仕慕
容氏卒於中山相曾祖珍太祖時歸國卒於上
谷太守祖眞河內清河二郡太守父懿延興末
爲廣平太守有稱績高祖南巡吏人頌之加寧
遠將軍賜帛三百匹徵爲選部給事中有公平
之譽除安南將軍洛州刺史未之任而卒贈以
本官加弘農公謚曰簡播本字元休太和中

流所鄙
史臣曰楊播兄弟俱以忠毅謙謹荷內外之任
公卿牧守榮赫累朝所謂門生故吏遍於天下
而言色恂恂出於誠至恭德慎行爲世師範漢
之万石家風陳紀門法所不過也諸子秀立青
紫盈庭其積善之慶歟及胡逆擅朝淫刑肆毒
以斯族而遇斯禍報施之理何相反哉
列傳第四十六　魏書五十八

魏收撰《魏书》书影

魏收学识俱佳，却在使梁之时留下了缺憾。"收在馆，遂买吴婢入馆，其部下有买婢者，收亦唤取，遍行奸秽，梁朝馆司皆为之获罪。人称其才而鄙其行。"①

① 李百药：《北齐书》卷三十七《魏收传》。

刚敢

《新唐书·李鄘传》云：

徐州张建封卒，兵乱，囚监军，迫建封子愔（按，即张愔）主军务。帝（按，即李适，唐德宗）以鄘（按，即李鄘，时为吏部员外郎）刚敢，拜宣慰使，持节直入其军，大会士，喻以祸福，出监军狱中，脱桎梏，使复位，众不敢动。愔即上表谢罪，称兵马留后，鄘曰："非诏命，安得辄称之?"削去乃受。即还，称旨，迁郎中。

前于此，李鄘已行刚敢之事：

怀光（按，即李怀光）反河中，鄘（按，即李鄘，时在怀光幕府，为监察御史）与母、妻陷焉，因绐怀光以兄病卧洛（按，即洛阳）且革，母欲往视；怀光许可，戒妻子勿偕行。鄘私迁之，怀光怒，欲加罪，谢曰："鄘籍在军，不得为母驾，奈何不使妇往?”怀光止不问。

后于此，李鄘亦行刚敢之事：

吐突承璀为监军，贵宠甚，鄘（按，即李鄘，时为淮南节度使）以刚严治，相礼惮①，稍厚善。承璀归，数称荐之，召拜门下侍郎、同中书门下平章事。鄘不喜由宦幸进②，及出祖③，乐作泣下，谓诸将曰：“吾老安外镇，宰相岂吾任乎?”至京师，不肯视事，引疾固辞，改户部尚书。

以此观之，刚敢挟任气，挟侠气，而非傲狠，非简率，刚敢之性，可一以贯之。

于人可如此。《宋史·韩世忠传》云：

（韩世忠）性戆直④，勇敢忠义，事关庙社，必流涕极言。岳飞冤狱，举朝无敢出一语，世忠独撄⑤桧（按，即秦桧）怒……又抵排和议，触桧尤多，或劝止之，世忠曰：“今畏祸苟同，他日瞑目，岂可受铁杖于太祖（按，即赵匡胤，

① 相礼惮：相互敬畏。

② 幸进：因侥幸而当官或升级。

③ 出祖：古人外出时祭路神。引申为饯行送别。

④ 戆直：忠厚耿直。

⑤ 撄：接触；触犯。

宋太祖）殿下？”时一二大将，多曲徇桧苟全，世忠与桧同在政地，一揖外未尝与谈。

于己于家亦可如此。《宋史·韩世忠传》又云：

（韩世忠）尝中毒矢入骨，以强弩括取之，十指仅全四，不能动，刀痕箭瘢如刻画。

世忠尝戒家人曰：“吾名世忠，汝曹毋讳‘忠’字，讳而不言，是忘忠也。””

以此观之，人之刚敢，非止于人，对己对家，所在皆可也。

后梁末帝龙德三年夏，晋取郓州，梁人大恐。末帝召彦章为招讨使，问破敌之期，彦章对曰：“三日。”

王彦章三日果然破敌：

彦章受命而出，驰两日至滑州，置酒大会，阴遣人具舟于

王彦章像

杨村，命甲士六百人皆持巨斧，载冶者，具鞴[1]炭，乘流而下。彦章会饮，酒半，佯起更衣，引精兵数千，沿河以趋德胜，舟兵举锁烧断之，因以巨斧斩浮桥，而彦章引兵急击南城，浮桥断，南城遂破，盖三日矣。[2]

破敌难亦易，破奸难上难。后来，王彦章的副手段凝有异志，与赵岩、张汉杰交通。彦章嫉赵岩等所为，尝谓人曰："俟吾破贼还，诛奸臣以谢天下。"岩等闻之惧，与凝合力倾之。

奸臣"日夜毁之"，彦章乃"勒还第"。后唐兵攻兖州，彦章再被起用。兵败赴死前，彦章大声说："豹死留皮，人死留名。"[3]彦章遂被杀，年六十一。

以此观之，刚敢非难，攻战非难，赴死非难，破奸最难！

---

① 鞴：把鞍辔等套在马上。

② 欧阳修：《新五代史》卷三十二《王彦章传》。

③ 欧阳修：《新五代史》卷三十二《王彦章传》。

微　言

心有块垒，有感而发时，怎样才能微言大义？怎样才能令人折服？智勇之担当，何以留存字里行间？

儿子赵祐死后，宋真宗就把侄子赵允让收为养子。后来，真宗又有了新生的儿子赵祯，于是就把养子允让送回去了。但是世事难料，等到赵祯成了宋仁宗，他没有儿子，于是又把允让的儿子赵曙立为太子，这就是后来的宋英宗。

宋高宗建炎四年，上虞县丞娄寅亮上疏，其内容涉及以上史实。《宋史·娄寅亮传》记此疏云：

> 先正有言："太祖（按，即赵匡胤，宋太祖）舍其子而立弟（按，即赵光义，宋太宗），此天下之大公；周王（按，即赵祐，宋真宗子）薨，章圣（按，即赵恒，宋真宗）取宗室（按，即赵允让）育之宫中，此天下之大虑也。"仁宗感悟其说，诏英宗入继大统。

北宋已亡，南宋草创，寅亮之微言立嗣，与宋高宗赵构有什么关系呢？此疏接续有云：

> 文子文孙，宜君宜王，遭罹变故，不断如带。今有天下者，独陛下一人而已。属者椒寝①未繁，前星不耀，孤立无助，有识寒心。天其或者深戒陛下，追念祖宗公心长虑之所及乎？

其实，在皇太子死后不久，仙井监乡贡进士李时雨上书，乞选立宗子以维系人心。宋高宗怒，斥其还乡里。那是建炎三年的事，距寅亮上疏已经过去一年。这次的上疏，能打动赵构吗？此疏接续云：

> 崇宁（按，宋徽宗年号）以来，谀臣进说，独推濮王（按，即赵允让）子孙以为近属，余皆谓之同姓，遂使昌陵（按，宋太祖永昌陵）之后，寂寥无闻，奔进蓝缕②，仅同民庶。恐祀丰于昵，仰违天监，太祖在天莫肯顾歆③，是以二圣（按，即宋徽宗、宋钦宗）未有回銮之期，金人未有悔祸之意，中原未有息肩④之日。

---

① 椒寝：宫寝。

② 蓝缕：敝衣。

③ 顾歆：分享愉悦。

④ 息肩：比喻免除劳役。

虽情理并发，丝丝入扣，但会不会又一次激怒了赵构？此疏接续有云：

> 臣愚不识忌讳，欲乞陛下于子行中遴选太祖诸孙有贤德者，视秩亲王，俾牧九州，以待皇嗣之生，退处藩服，并选宣祖（按，即赵弘殷，赵匡胤父亲）、太宗之裔，材武可称之人，升为南班，以备环卫。庶几上慰在天之灵，下系人心之望。

非咄咄逼人，非执于一念，非唐突不常，且言不离祖宗与江山，终于“帝读之感悟”。

娄寅亮日后官至监察御史，应与这次上疏大有关系。

汉成帝时的布衣梅福，自言愿为上书“伏锧横分”，《汉纪·孝成皇帝纪二卷》言其上书有云：

> 昔武王伐纣，未及下车而存五帝之后，封殷于宋，绍夏于杞，明著三统，示不独有。《春秋》经曰：“宋杀其大夫。”《穀梁传》曰：“其不称名氏，以其在祖位尊之也。”此言孔子故殷后也，虽非正统，封其子孙以为殷后，礼亦宜之。

尊尊之义，广而覆之，而上书言此，意欲何为？其上书接续云：

传曰“贤者子孙，宜有土地”，而况圣人，又殷之后哉！今仲尼之庙不出阙里①，孔氏子孙不免编户，以圣人之德而歆匹夫之祀，非皇天之意也。

此诚可哀也，此诚可悯也，而又若之何？其上书接续云：

今陛下诚能据仲尼之素功②，以封其子孙，则国家必获其福，又陛下之名与天无极。何则？追圣人之素功，封其子孙，未有法也；若能为之，后世必以为法。不灭之名，可不勉哉！

大道至简至明！如此文笔，流传千古。

---

① 阙里：孔子故里。

② 素功：素王之功德。

诬 妄

有辽二百多年，传了九帝，至道宗、天祚帝已到末代。这一时期，太子被废，孙子上位，道宗之内心，苦不堪言。何以如此？奸邪诬妄，乃至于自诬，迷惑了道宗，改变了辽史。且看《辽史·耶律乙辛传》所载：

> （辽道宗）大康元年，皇太子（按，即耶律濬）始预朝政，法度修明。乙辛（按，即耶律乙辛）不得逞，谋以事诬皇后。后既死，乙辛不自安，又欲害太子。

诬妄始构。《辽史·萧十三传》载：

> 十三（按，即萧十三）谓乙辛曰：“今太子犹在，臣民属心。大王素无根柢之助，复有诬皇后之怨。若太子立，王置身何地？宜熟计之。”乙辛曰：“吾忧此久矣！”是夜，召萧得里特谋所以构太子事。

一诬不成：

（耶律乙辛）令护卫太保耶律查剌诬告耶律撒剌等同谋立皇太子。诏按无迹而罢。①

配以自诬：

（耶律乙辛）又令牌印郎君萧讹都斡诣上诬首②："耶律查剌前告耶律撒剌等事皆实，臣亦与其谋。本欲杀乙辛等而立太子。臣等若不言，恐事白连坐。"诏使鞫劾③。乙辛迫令具伏。上怒，命诛撒剌及速撒等。④

诬妄坐实：

乙辛恐帝疑，引数人庭诘，各自荷重校，绳系其颈，不能出气，人人不堪其酷，惟求速死。反奏曰："别无异辞。"⑤

对太子耶律濬，先是"囚之宫中"，之后废为庶人，"囚之上

① 脱脱等：《辽史》卷一百十《耶律乙辛传》。
② 诬首：诬告。
③ 鞫劾：审问判决。
④ 脱脱等：《辽史》卷一百十《耶律乙辛传》。
⑤ 脱脱等：《辽史》卷一百十《耶律乙辛传》。

京”。最后，“（大康三年）十一月，北院枢密使耶律乙辛遣其私人盗杀庶人濬于上京”。①

从大康元年到大康三年，太子经历了从始预朝政，到废为庶人，再到被人盗杀。又过了二十多年，道宗驾崩，太子的儿子成了辽皇帝。这些变故，与耶律乙辛不无干系。

明将孙祥死后，对他的看法，由误而诬，颇为诡异。《明史·孙祥传》云：

> 也先逼关（按，即紫荆关），都指挥韩青战死，祥坚守四日。也先由间道入，夹攻之，关破。祥督兵巷战，兵溃被杀，言官误劾祥弃城遁。寇退，有司修关，得其尸战地，焚而瘗之，不以闻。

孙祥确为战死，其职时为右副都御史。从言官之误劾到有司之焚尸，弃城遁逃之罪坐实。诬妄之出，可以误国，可以害人，可以毁名誉，有时竟也可以成笑柄。

明宪宗不见大臣，大臣力请，司礼中官开出条件：“初见，情未洽，勿多言，姑俟他日。”朝见开始，宪宗心情不错，但意外发生了：

> 安遂顿首呼万岁，欲出。时、辂（按，即彭时、商辂，

① 脱脱等：《辽史》卷二十三《道宗本纪三》。

明宪宗像

皆大学士）不得已，皆叩头退。中官戏朝士曰："若辈尝言不召见。及见，止知呼万岁耳。"一时传笑，谓之"万岁阁老"。帝自是不复召见大臣矣。①

万安之内心，必是为了迎合，但拿捏不准，就成了笑柄，他却把这笑柄推给了别人。《明史·万安传》接续云：

> 其后尹直入阁，欲请见帝计事。安止之曰："往彭公（按，即彭时）请召对，一语不合，辄叩头呼万岁，以此贻笑。今吾辈每事尽言，太监择而闻之，上无不允者，胜面对多矣。"

其不识大体、善于诿过，让人眼界大开！后来，他进房中之术，孝宗大怒。他无从诿过，只好辞官而去。

---

① 张廷玉等：《明史》卷一百六十八《万安传》。

不 忍

世上唯一不需努力就可以得到的是时光，世上唯一无论怎样努力也换不回的还是时光，时光里含着生老病死，也含着无尽的不忍和不舍。

宋真宗在朝拜祖宗的时候心有不忍。《宋史·凶礼志二》云：

> 辰后，（宋真宗）暂诣幄次①更衣，复诣诸陵奉辞②。有司以朝拜无辞礼，帝不忍，故复往。

景德四年正月，宋真宗车驾停在巩县，在遍祭诸陵后，他想再次返回行告别之礼，有司却告诉他于礼不合。何以不合？这在宋高宗死后，金来吊祭时可以验证：

---

① 幄次：幄殿，古代帝王休憩或祀神用的帷帐。

② 奉辞：奉君主之正辞，行告别之礼。

其奉辞日，有司亦先设神御坐及设香案、茶酒、果食盘台于几筵殿上。宰执升殿分东西立，侍从官于殿下西面立，(金)使、副入门，殿上下皆哭，使、副升殿，哭止。使、副诣神坐前一拜，上香、奠茶、三奠酒毕，拜，兴，读祭文官跪读祭文，一拜，兴，殿上下皆哭。使、副俱降，归位立，又再拜讫，退。①

奉辞在殡葬之前，葬后无奉辞之礼。宋真宗固执己见，意欲何为？实际上，他的固执非止一次。大中祥符四年，宋真宗再过巩县，祭陵之后再行告别之礼：

未明，礼毕，复诣四陵奉辞，省视几筵，奠献如初礼。又遍诣诸后陵、诸王坟致奠。②

于此可见，此不忍乃不舍、恋念与哀恸，关乎人情人伦和人心，于礼不合又能怎样？情之所至，可以哀毁骨立，可以割肉侍亲！《明史·夏子孝传》云：

(夏子孝)九岁父得危疾，祷天地，刲股六寸许，调羹以进，父食之顿愈。翌日，子孝痛创，父诘其故，始知之。……

① 脱脱等：《宋史》卷一百二十四《凶礼志三》。

② 脱脱等：《宋史》卷一百二十三《凶礼志二》。

> 嘉靖末，父卒，庐墓，独居荒山，身无完衣，形容槁瘁。

子孝之孝，竟至于此。督学御史耿定向准备将子孝之事奏报于朝廷，子孝固辞曰：“不肖不忍以亡亲贾名。”① 定向只好作罢。

此不忍旷达、纯粹，关乎立身处世，也关乎传家传世，其意欲不污人亦不自污，这是情有所感亦是理有所求。《北史·杨集传》云：

> 炀帝时，诸侯王恩礼渐薄，猜防日甚，集忧惧，乃呼术者俞普明章醮②以祈福助。有人告集咒诅，宪司希旨，锻成其狱，奏集恶逆，坐当死。

但是最终，隋炀帝“不忍加诛，除名远徙边郡。天下乱，不知所终”③。杨广是杨集的堂兄，其不忍是人性是人心亦是人间世。外物于我，看似无关，又何以不忍？《北史·裴安祖传》云：

> 曾天热，（安祖）舍于树下。有鸷鸟逐雉，雉急投之，遂触树而死。安祖愍之，乃取置阴地，徐徐护视，良久得苏，

① 张廷玉等：《明史》卷二百九十七《夏子孝传》。

② 章醮：拜表设祭。

③ 李延寿：《北史》卷七十一《杨集传》。

喜而放之。

死而复生，是生命的奇迹。生命里全是走了就不会再来的时光，时光里全是匆匆行走永不回头的生命，但若心怀不忍，生命也许会多一些奇迹。

守 愚

元末大乱，倪瓒归隐，但此时的天下，已处处是江湖。《明史·倪瓒传》云：

倪瓒像

> 张士诚累欲钩致之，（瓒）逃渔舟以免。其弟士信以币乞画，瓒又斥去。士信恚，他日从宾客游湖上，闻异香出葭苇间，疑为瓒也，物色渔舟中，果得之。抶几毙，终无一言。

倪瓒遭鞭打，虽然伤痕累累，但始终不发一言。

明代书画家沈周一生不应科举，隐居吴门。《明史·沈周传》云：

有郡守征画工绘屋壁。里人疾周者，入其姓名，遂被摄。或劝周谒贵游以免，周曰："往役，义也，谒贵游，不更辱乎！"卒供役而还。

守愚即守静，守静即守柔，取拙似愚，不动似静，柔似无力。岂不知，守愚之力，又如惊雷，足以瞠目。《宋史·蔡襄传》云：

襄工于书，为当时第一，仁宗尤爱之，制《元舅陇西王碑》文命书之。及令书《温成后父碑》，则曰："此待招职耳。"不奉诏。

看似不识趣，实则是守愚，却也是大有趣。东晋学者戴逵亦复如是。《晋书·戴逵传》云：太宰、武陵王司马晞听闻戴逵善鼓琴，使人召之，逵毁琴并对使者说："戴安道（按，戴逵字安道）不为王门伶人！"晞怒，转而用戴逵之兄戴述。"述闻命欣然，拥琴而往。"

守愚即守拙，守拙亦或恬退，动而似静，静而似动，其力神奇，或人力所弗达。

董其昌性和易，天才俊逸，终日无俗语。尤擅画，集宋元诸家之长，非人力所及。《明史·董其昌传》云：

(其昌）举万历十七年进士，改庶吉士。礼部侍郎田一俊以教习卒官，其昌请假，走数千里，护其丧归葬。

之后，他二度出任湖广副使。在第二次上任之后，他“督湖广学政，不徇请嘱，为势家所怨，嗾①生儒②数百人鼓噪，毁其公署。其昌即拜疏求去，帝（按，即朱翊钧，明神宗）不许，而令所司按治③，其昌卒谢事归。起山东副使、登莱兵备、河南参政，并不赴”④。

守愚即无争，无怨无悔，唯有至情，可通于天庭，达于艺术之上。

虞世南貌儒谨，论议持正，性沉静寡欲，书法为世人秘爱。《新唐书·虞世南传》云：

炀帝虽爱其（按，即虞世南）才，然疾峭正，弗甚用，为七品十年不徙。世基（按，即虞世基，世南兄）佞敏得君，日贵盛，妻妾被服拟王者，而世南躬贫约，一不改。宇

---

① 嗾：唆使。

② 生儒：书生；儒生。

③ 按治：查问惩办。

④ 张廷玉等：《明史》卷二百八十八《董其昌传》。

文化及已弑帝，间杀世基，而世南抱持号诉请代，不能得，自是哀毁骨立。

书画无关高明，无关心机，看似是愚人的事，实则守愚之人内心沉静、澄澈，境界非一般人所能比。

轻　肆

蒋偕可谓至孝："幼贫，有立志。父病，尝刲股以疗，父愈，诘之曰：'此岂孝耶？'曰：'情之所感，实不自知也。'"蒋偕可谓明达："密州豪人王澥使奴杀一家四人，偕当澥及奴皆大辟。宰相陈尧佐欲宽澥，判审刑院宋庠与偕持之不从，偕以是知名。"蒋偕可谓残酷："明珠、康奴诸族数为寇，偕潜兵伺之，斩首四百，擒酋豪，焚帐落，获马、牛、羊千计。所俘皆刳割磔裂于庭下，坐客为废饮食，而偕语笑自若。"①

其自刲股，其不宽豪人，其刳割磔裂所俘，从明到暴，其实还隔着了昏。侬智高造反，围攻广州。《宋史·蒋偕传》于此有云：

> 初，偕入广州，即数知州仲简曰："君留兵自守，不袭贼，又纵步兵馘平民以幸赏，可斩也。"简曰："安有团练使

---

① 脱脱等：《宋史》卷三百二十六《蒋偕传》。

> 欲斩侍从官?”偕曰:“斩诸侯剑在吾手,何论侍从!”左右解之,乃止。卒以轻肆败。

因为援广不利,蒋偕从广南东西路钤辖,被贬至忠州刺史。“命未至,(偕)军次贺州太平场,贼夜入营,袭杀之。”① 对上轻肆,还可劝解;对敌轻肆,则会丢命。

轻肆之举,偶一为之,或可免祸,若成习惯,不能刹车,必能败身。王琚有拥戴之功,唐玄宗“于琚眷委②特异,豫大政事,时号‘内宰相’”。但是,日后“稍疏之”③,屡拜地方刺史。《新唐书·王琚传》云:

> (琚)既失志,稍自放,不能遵法度。在州与官属小吏酋豪饮谑、摴博、藏钩为乐。每徙官,车马数里不绝。从宾客女伎驰弋④,凡四十年。……右相李林甫恨琚恃功使气,欲除之,使人劾发琚宿赃,削封阶,贬江华员外司马。又使罗希奭深按其罪,琚惧,仰药,未及死,希奭缢之。时人哀其无罪。

---

① 脱脱等:《宋史》卷三百二十六《蒋偕传》。

② 眷委:眷顾托付。

③ 欧阳修、宋祁:《新唐书》卷一百二十一《王琚传》。

④ 驰弋:驰射。

人哀王琚，亦愍其母。《新唐书·王琚传》接续云：

始，琚为中书侍郎，母居洛阳，来京师，让①琚曰："尔家上世皆州县职，今汝无攻城野战劳，以谄佞取容，海内切齿，吾恐汝家坟墓无人复扫除也。"

北魏隐太子元恂愚妄，以至于轻肆，终于丢命。《魏书·废太子传》云：

恂不好书学，体貌肥大，深忌河洛暑热，意每追乐北方。中庶子高道悦数苦言致谏，恂甚衔之。高祖（按，即元宏，北魏孝文帝）幸崧岳，恂留守金墉，于西掖门内与左右谋，欲召牧马轻骑奔代，手刃道悦于禁中。领军元俨勒门防遏②，夜得宁静。

元恂因此被打了个半死，后被废为庶人，终被孝文帝赐死，死时才十五岁。孝文帝曾对他说："字汝元道（按，元恂字元道），所寄不轻。汝当寻名求义，以顺吾旨。"可他轻肆不堪，因为暑热就杀人奔北，难怪孝文帝"闻之骇惋"。③

---

① 让：责备。

② 防遏：防备遏制。

③ 魏收：《魏书》卷二十二《废太子传》。

人生在世，岂可轻肆？慎之又慎，非止于事，亦是人生态度。《北史·张乾威传》云：

> 淮南太守杨綝尝与十余人同来谒见，帝（按，即杨坚，隋文帝）问乾威曰："其首立者为谁？"乾威下殿就视而答曰："淮南太守杨綝。"帝谓乾威曰："卿为谒者大夫，而乃不识参见人，何也？"

这一诘难让人错愕，但是乾威从容答曰："臣非不识杨綝，但虑不审，所以不敢轻对。石建（按，汉武帝时郎中令）数马足，盖慎之至。"

即使一试高下，若不以慎为先，亦往往失算。《北齐书·綦连猛传》云：

> （东魏孝静帝元象）五年，梁（按，即南梁）使来聘，云有武艺，求访北人，欲与相角。世宗（按，即高澄，北齐文襄帝）遣猛（按，即綦连猛）就馆接之，双带两鞬，左右驰射。兼共试力，挽强①，梁人引弓两张，力皆三石，猛遂并取四张，叠而挽之，过度。梁人嗟服之。

梁使自云武艺高强，轻肆不已，结果却败北。

---

① 挽强：拉引硬弓。

蒋偕之轻肆，可谓乖张；王琚之轻肆，可谓挟私；元恂之轻肆，可谓荒唐；梁使之轻肆，可谓轻薄。而乾威之谨慎，则为轻肆之镜鉴矣。

卞 急

谁能想到，邾庄公因发怒而意外丢了性命。《左传·定公三年》云：

> 三年春二月辛卯，邾子（按，即邾庄公）在门台①，临廷②。阍以瓶水沃③廷。邾子望见之，怒。阍曰："夷射姑（按，邾大夫）旋④焉。"命执之（按，即夷射姑），弗得，滋怒，自投于床，废⑤于炉炭，烂，遂卒。先葬以车五乘，殉五人。庄公卞急而好洁，故及是。

---

① 门台：门楼。

② 廷：外廷。

③ 沃：泼洒。

④ 旋：小便。

⑤ 废：堕。

实际上，郲庄公既是死于意外，也是死于圈套。《左传·定公二年》写得清楚："郲庄公与夷射姑饮酒，私出①。阍乞肉焉，（夷射姑）夺之杖以敲之。"因为记了夷射姑的仇，也因为太了解国君的性子，守门人才洒水诈称小便，以此激怒国君，进而报复夷射姑。

事之极端，全由性之极端使然。张咏任益州知州，宋真宗对其褒赏有加，称"得卿在蜀，朕无西顾之忧矣"。但张咏生脑疮，加之卞急，就要了他的命：

> （咏）性躁果卞急，病创甚，饮食则痛楚增剧，御下益峻，尤不喜人拜跪，命典客预戒止。有违者，咏即连拜不止，或倨坐骂之。②

实际上，卞急之人，究其人生，即使能做成事，也会留下致命缺憾。司马望"宽厚有父（按，即司马孚）风"③，但其性急。以望任外官，曹髦特给他追锋车一乘、武贲五人。风风火火中，司马望官做到了司徒。等晋朝建立，他也做到了大司马的位置。不过，《晋书》却评价他"性俭吝而好聚敛，身亡之后，金帛盈溢，以此获讥"④。

---

① 出：出以避酒。

② 脱脱等：《宋史》卷二百九十三《张咏传》。

③ 房玄龄等：《晋书》卷三十七《司马望传》。

④ 房玄龄等：《晋书》卷三十七《司马望传》。

《宋史·魏廷式传》载：魏廷式做益州路转运使，一次入朝直接找宋太宗奏事，宋太宗明确告诉他："有事当白中书。"廷式曰："臣三千七百里外乘驿而至，以机事上闻，愿取断宸衷①，非为宰相来也。"宋太宗"即不时召对，问方略称旨，赐钱五十万，令还任"。

这又是一位风风火火的主儿，且意外得到了皇帝的认可。但《宋史·魏廷式传》评论："廷式所至，以严明称，刚果敢言，为人主厚遇，然性倾险，喜中伤人，士君子惮其口而鄙其行。"

既然卞急与残忍、倾险相连，那其反面如何？

《晋书·孙登传》载："（孙登）性无恚怒，人或投诸水中，欲观其怒，登既出，便大笑。"嵇康和他玩了三年，"问其所图，终不答，康每叹息"。临别之际，孙登终于说话：

> 子识火乎？火生而有光，而不用②其光，果在于用光。人生而有才，而不用其才，而果在于用才。故用光在乎得薪，所以保其耀；用才在乎识真，所以全其年。

孙登所言，有明哲保身之嫌；孙登之行事，有明哲保身之实。但身处凶险之中，能识其凶险，能避其凶险，岂是卞急之人所能及？!

---

① 宸衷：帝王的心意。

② 不用：不会使用。

恭 慎

刑措不用，是谓上古，近于传闻矣。寡于用刑，是谓恭慎，足可嘉奖矣。于法恭慎，即敬畏天地，即宝贵生命，其难乎，其易乎？《北史·韩麒麟传》云：

> 孝文（按，即元宏，北魏孝文帝）时，（麒麟）拜齐州刺史，假魏昌侯。在官寡于刑罚，从事刘普庆说麒麟曰："明公仗节方夏①，无所斩戮，何以示威？"麒麟曰："人不犯法，何所戮乎？若必须斩断以立威名，当以卿应之。"普庆惭惧而退。

此退彼进，此消彼长，亦难亦易，亦易亦难。"麒麟立性恭慎，恒置律令于坐傍。临终之日，唯有俸绢数十匹。"② 其恭慎如

① 方夏：中国，华夏。

② 李延寿：《北史》卷四十《韩麒麟传》。

此，其清贫亦如此，其难易可知矣。

律令之行，时有飘忽，凡百君子，莫不切齿。取近舍远，其易也哉！扶正固本，其难也哉！《明史·刑法志二》云：

弘治（按，明孝宗年号）元年，刑部尚书何乔新言："旧制提人，所在官司必验精微批文，与符号相合，然后发遣。此祖宗杜渐防微深意也。近者中外提人，止凭驾帖，既不用符，

《出警入跸图》中的锦衣卫

真伪莫辨，奸人矫命，何以拒之？请给批文如故。”帝曰：“此祖宗旧例不可废。”命复行之。然旗校提人，率赍①驾帖。

以批文乎？以驾帖乎？似不成问题，却又成问题。《明史·刑法二》于此接续云：

嘉靖（按，明世宗年号）元年，锦衣卫千户白寿等赍驾帖诣科，给事中刘济谓当以御批原本送科，使知其事。两人相争并列，上命检成（按，即成化，明宪宗年号）、弘（按，即弘治，明孝宗年号）事例以闻。济复言，自天顺时例即如此。帝入寿言，责济以状对，亦无以罪也。

争吵声中，精微之批文已然少见，权宜之驾帖依然故我。《明史·刑法志二》接续云：“天启（按，明熹宗年号）时，魏忠贤用驾帖提周顺昌诸人，竟激苏州之变。”由孝宗而世宗，由世宗而熹宗，已历七帝，已过百年，非止律令，即如江山，亦已萧索，其难易可知矣。

刑法如是，礼法亦复如是。敬畏生命，非止于生，亦通于死，恭慎之下，礼法不越焉。《左传·定公五年》云：

六月，季平子行东野，还，未至，丙申，卒于房。阳虎

---

① 赍：携带；持。

(按，季平子家臣）将以玙璠①敛，仲梁怀（按，季平子家臣）弗与，曰："改步改玉②。"阳虎欲逐之，告公山不狃（按，季平子家臣）。不狃曰："彼为君也，子何怨焉？"

同为家臣，一欲敛之，一弗与之，一为之辩。礼法之下，高下立判，褒贬亦明，无复疑也。

所谓恭者，于法恭也；所谓慎者，于法慎也。于法恭慎，进而于事恭慎，进而于人恭慎，止于于国恭慎。其难乎？其易乎？悟法渊默，用法恭慎，岂非题中之义！

---

① 玙璠：杜预《春秋经传集解》解为"美玉，君所佩"。

② 改步改玉：杜预《春秋经传集解》解为"昭公之出，季孙（按，即季平子）行君事，佩玙璠祭宗庙。今定公立，复臣位，改君步，则亦当去玙璠"。

正 心

正心可以说出来。胡安国曾向宋钦宗喊话：

明君以务学为急，圣学以正心为要。心者万事之宗，正心者揆事宰物之权。愿擢名儒明于治国平天下之本者，虚怀访问，深发独智。①

正心可以做出来。胡安国对程门弟子竭尽诚意：

安国之使湖北也，时（按，即杨时，程门弟子）方为府教授，良佐（按，即谢良佐，程门弟子）为应城宰，安国质疑访道，礼之甚恭，每来谒而去，必端笏正立目送之。②

---

① 脱脱等：《宋史》卷四百三十五《胡安国传》。

② 脱脱等：《宋史》卷四百三十五《胡安国传》。

正心可以事事关心。胡安国救叶梦得就是管了闲事：

叶梦得知应天府，坐为蔡京所知，落职奉祠。安国言："京罪已正，子孙编置，家财没入，已无蔡氏矣。则向为京所引者，今皆朝廷之人，若更指为京党，则人才见弃者众，党论何时而弭！"乃除梦得小郡。①

胡安国像

正心可以抛下亲人。胡安国弃子不问让人惊悚：

安国既去，逾旬，金人薄都城。子寅（按，即胡寅）为郎在城中，客或忧之，安国愀然曰："主上在重围中，号令不出，卿大夫恨效忠无路，敢念子乎！"②

非不可以顺君，实不能也；非不可以轻慢，实不愿也；非为必救之人，实不可不

① 脱脱等：《宋史》卷四百三十五《胡安国传》。

② 脱脱等：《宋史》卷四百三十五《胡安国传》。

救也；非为可弃之人，实不得不弃也。何耶？正其心而诚其意是也。忠君一轻其心必辟，待人一轻其心必倨，视事一轻其心必浮，而虑己之重，其心必私焉。

邪辟无正，正而无私，私不胜正，明之甚也。《隋书·辛彦之传》记下了一件令人玩味的事：

> （彦之）后拜随州刺史。于时州牧多贡珍玩，唯彦之所贡，并供祭之物。高祖善之，顾谓朝臣曰："人安得无学！彦之所贡，稽古之力也。"迁潞州刺史，前后俱有惠政。

辛彦之另搞一套，非但没丢官，还得到了皇帝的表扬。胡安国另搞一套，结果却是"自登第迄谢事，四十年在官，实历不及六载"。安国时常托疾是一因，时局时有变诈乃又一因。一如，蔡京谋害不成，竟把他除名，之后又安他欲加之罪。幸运的是，"台臣直前事，复安国元官"。二如，黄潜善奏言罢了他的官，但张浚却举荐认为可用，再次除为给事中。三如，"时讲官四人，援例乞各专一经。高宗（按，即赵构）曰：'他人通经，岂胡安国比。'不许。"①

程门高弟谢良佐这样评价他："胡康侯（按，即胡安国，字康侯）如大冬严雪，百草萎死，而松柏挺然独秀者也。"② 无论在动

① 脱脱等：《宋史》卷四百三十五《胡安国传》。

② 脱脱等：《宋史》卷四百三十五《胡安国传》。

荡之北宋，抑或飘摇之南宋，此一松柏，岂非正心所催生！

既为松柏，即便在严冬，其风骨依然不可欺，令人叹为观止。

父兄被楚王处死，伍员从楚国逃到了吴国。《左传·定公四年》云："初，伍员与申包胥友。其亡也，谓申包胥曰：'我必复①楚国。'申包胥曰：'勉之！子能复之，我必能兴之。'及昭王在随（按，吴楚交战，楚昭王败逃至随），申包胥如秦乞师……"但秦国不想介入，于是辞谢。

"（申包胥）立，依于庭墙而哭，日夜不绝声，勺饮不入口七日。秦哀公为之赋《无衣》。（申包胥）九顿首而坐。秦师乃出。"

正心之下，亲情可以断，友情可以断，惟有家国不可断。申包胥之哭，令人扼腕，亦令人心向往之！

正心诚意，无愧于心，无愧于天地，无愧于鬼神！

---

① 复：倾覆，灭亡。

不 党

《晋书·文立传》云：

> 蜀故尚书犍为程琼雅有德业，与立（按，即文立）深交。武帝（按，即司马炎，晋武帝）闻其名，以问立，对曰："臣至知其人，但年垂八十，秉性谦退①，无复当时之望，不以上闻耳。"琼闻之曰："广休（按，文立字广休）可谓不党矣，故吾善夫人也。"

与人深交，而不党之，文立可谓"忠贞"，可谓"清实"。结党并不鲜见，不党并非易事。与故人交，与忘年交，与乡里交，与一切人交，总能交出情分，总是易于结党，更何况亲人呢？夏侯道迁褒美其女婿，正是如此。

《北齐书·皇甫和传》载：

---

① 谦退：谦恭退让。

(皇甫和)父徽，字子玄，梁(按，即南梁)安定、略阳二郡守。魏(按，即北魏)正始(按，宣武帝年号)二年，随其妻父夏侯道迁入魏，道迁别上勋书，欲以徽为元谋①。徽曰："创谋之始，本不关预，虽贪荣赏，内愧于心。"遂拒而不许。梁州刺史羊灵祐重其敦实，表为征虏府司马，卒。

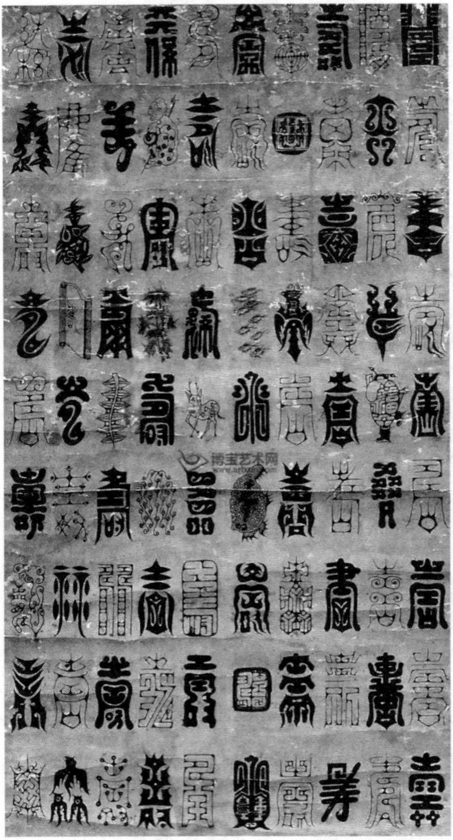

严嵩百寿图

《北齐书·皇甫和传》不足二百字，其父之事即占去过半篇幅。随后又写其母之事："和十一而孤，母夏侯氏，才明有礼则，亲授以经书。"最后才让皇甫和登场："(和)及长，深沉有雅量，尤明礼仪，宗亲吉凶，多相咨访。卒于济阴太守。"徽之不党，其言甚详；和之雅量，并未详言。

文立之清实，皇甫徽

① 元谋：主谋。

之敦实，皆与朴实有关，与诚实有关。而人之结党，则往往“倾狡”，往往“佞说”。《明史·赵文华传》云：

> （文华）性倾狡，未第时在国学，严嵩为祭酒，才之。后仕于朝，而嵩日贵幸，遂相与结为父子。嵩念己过恶多，得私人在通政，劾疏至，可自为计，故以文华任之（按，任通政使）。

文华由此而谄媚，而“欺诞”，而“委责”，“志日骄”，被黜为民。“文华故病蛊，及遭谴卧舟中，意邑邑①不自聊，一夕手扪其腹，腹裂，脏腑出，遂死。”②

其实，文华之为子，本就打算不浅。“文华欲自结于帝（按，即朱厚熜，明世宗），进百花仙酒，诡曰：‘臣师嵩服之而寿。’帝饮甘之，手敕问嵩。嵩惊曰：‘文华安得为此！’”③

其实，严嵩之为父，本就时常迷茫。“大将军仇鸾，始为曾铣所劾，倚嵩倾铣，遂约为父子。已而鸾挟寇得帝（按，即朱厚熜，明世宗）重，嵩犹儿子蓄之，浸相恶。嵩密疏毁鸾，帝不听，而颇纳鸾所陈嵩父子（按，即严嵩、严世蕃父子）过，少疏之。嵩当入直，不召者数矣。”惊惧之下，“父

---

① 邑邑：忧郁不乐貌。

② 张廷玉等：《明史》卷三百八《赵文华传》。

③ 张廷玉等：《明史》卷三百八《赵文华传》。

子对泣”。[①]

结党之事，有召之即来者，有拒而远离者。《新唐书·武元衡传》云：

> 顺宗（按，即李诵，唐顺宗）立，王叔文使人诱以为党，（武元衡）拒不纳。俄为山陵（按，唐德宗丧事）仪仗使，监察御史刘禹锡求为判官，元衡不与，叔文滋不悦。

结党之人，往往逞其智，逞其力，逞其无所不能。“季武子无適子[②]，公弥（按，季武子之庶长子）长，而爱悼子，欲立之。”为此，他两次征求家臣申丰的意见，申丰则表示无能为力。这时，他想起另外一个人。《左传·襄公二十三年》于此有云：

> （季武子）访于臧纥，臧纥曰：‘饮我酒，吾为子立之。’季氏（按，即季武子）饮大夫酒，臧纥为客[③]。既献[④]，臧孙（按，即臧纥）命北面重席[⑤]，新樽洁之。召悼子，（臧孙）

---

① 张廷玉等：《明史》卷三百八《严嵩传》。

② 適子：即“嫡子”。

③ 为客：为上宾。

④ 献：向宾客敬酒。

⑤ 重席：铺两层席子，表示敬重。

> 降①，逆②之。大夫皆起。及旅③，而召公鉏（按，即公弥），使与之齿④。季孙（按，即季武子）失色。

棘手问题解决了，所以“季孙爱之（按，即臧纥）”。虽为之失色，但二人就此结党。但是，“孟孙（按，即孟庄子）恶臧孙”。⑤ 何以恶之？

之后，孟孙死了，公鉏参与其中，立其庶子为继承人。季武子前去吊唁，父子对话，火药味尽显。《左传·襄公二十三年》于此有云：

> 已卯，孟孙卒。公鉏奉羯（按，孟孙庶子）立于户侧⑥。季孙至，入，哭，而出，曰：“秩（按，即孺子秩，孟孙继承人）焉在？”公鉏曰：“羯在此矣！”季孙曰：“孺子（按，即秩）长。”公鉏曰：“何长之有？唯其才也。且夫子之命也。”遂立羯。

废长立幼，都还算顺利，但结党之人，已被盯上。《左传·襄

---

① 降：走下台阶。

② 逆：迎接。

③ 旅：即旅酬。主人安顿宾客，互相敬酒，排定座次。

④ 使与之齿：与之叙齿，即依长幼排列。这样做则以公鉏为庶子，不与大夫之列。

⑤ 左丘明：《左传·襄公二十三年》。

⑥ 户侧：杜预《春秋经传集解》释为“丧主”。

公二十三年》接续云：

> 孟氏闭门，告于季孙曰："臧氏（按，即臧纥）将为乱，不使我葬。"季孙不信。臧孙闻之，戒①。冬十月，孟氏将辟②，借除③于臧氏。臧孙使正夫④助之，除于东门，甲从己而视之⑤。

不知中计，还在帮忙，甲士上阵，正中下怀。结党双方，顷刻分崩，由爱到恨，只是瞬间。《左传·襄公二十三年》接续云："孟氏又告季孙。季孙怒，命攻臧氏。乙亥，臧纥斩鹿门⑥之关⑦以出奔邾。"

其实，这一结果，臧纥自己在吊唁之时已有预感。他说：

> 季孙之爱我，疾疢也。⑧ 孟孙之恶我，药石也。⑨ 美疢不如恶石。夫石犹生我，疢之美，其毒滋多。孟孙死，吾亡无

---

① 戒：戒备。

② 辟：此指挖掘墓道。

③ 除：役夫。

④ 正夫：常任之役夫。

⑤ 杜预《春秋经传集解》释此句："畏孟氏，故从甲士视作者。"

⑥ 鹿门：鲁都南城之东门。

⑦ 关：门栓。

⑧ 杜预《春秋经传集解》释此句："常志相顺从，身之害。"

⑨ 杜预《春秋经传集解》释此句："常志相违戾，犹药石之疗疾。"

日矣。①

结党并不可靠，小人有不堪之私；不党亦不疏远，君子之交淡如水。君子周而不比，小人比而不周，信夫！

① 左丘明：《左传·襄公二十三年》。

方　慎

方慎何谓？较之恭慎、明慎、畏慎，方慎之性，实近忠厚矣。《北史·李孝伯传》云：

> （孝伯）性方慎忠厚，每朝廷事有所不足，必手自书表，切言陈谏。或不从者，至于再三，削灭稿草，家人不见。公廷论议，常引纲纪。或有言事者，孝伯恣其所陈，假有是非，终不抑折①；及见帝（按，即拓跋焘，北魏太武帝），言其所长，初不隐人姓名，以为己善。

非方无以切谏，非方抑或抑折；非慎无以削灭，非慎抑或善己。方慎之中，忠厚存焉。

晋楚邲之战，楚国大胜，而晋国战败。“秋，晋师归，桓子（按，即荀林父，晋军中军元帅）请死，晋侯（按，即晋景公）欲

① 抑折：克制。

许之。”①

以死谢罪，可谓忠矣；欲许以死，则有不妥。此时，士贞子谏曰：

不可。城濮之役，晋师三日谷，文公（按，即晋文公）犹有忧色。左右曰：“有喜而忧，如②有忧而喜乎？”公曰：“得臣（按，即子玉，曾任楚国令尹）犹在，忧未歇也。困兽犹斗，况国相乎！”及楚杀子玉，公喜而后可知也，曰：“莫余毒也已。”是晋再克而楚再败也。楚是以再世不竞。今天或者大警晋也，而又杀林父以重楚胜，其无乃久不竞③乎？林父之事君也，进思尽忠，退思补过，社稷之卫也，若之何杀之？夫其败也，如日月之食焉，何损于明？④

士贞子何以进谏，又何以长篇大论？方慎在焉，忠厚在焉，故而慷慨激昂，故而义薄云天，于是晋侯使桓子复其位。

时光奔流，历史演进，方慎忠厚，须臾不离，响应殷勤，代代不绝。

马愉论决狱，明宣宗纳之：

---

① 左丘明：《左传·宣公十二年》。

② 如：难道。

③ 竞：强大。

④ 左丘明：《左传·宣公十二年》。

宋太宗像

愉端重简默，门无私谒。论事务宽厚。尝奏天下狱久者多瘐死，宜简使者分道决遣。帝纳焉。①

马愉论不武，明英宗然之：

边警，方命将，而别部使至，众议执之。愉言："赏善罚恶，为治之本。波及于善，非法。乘人之来执之，不武。"帝然之，厚遣其使。②

方慎之人，有担当而不取媚，有策略而无投机，有释然而非戚戚。《宋史·王著传》云：

太宗听政之暇，尝以观书及笔法为意，诸家字体，洞臻

① 张廷玉等：《明史》卷一百四十八《马愉传》。

② 张廷玉等：《明史》卷一百四十八《马愉传》。

精妙[1]。尝令中使王仁睿持御札示著（按，即王著），著曰："未尽善也。"太宗临学益勤，著答如前。仁睿诘其故，著曰："帝王始攻书，或骤称善，则不复留心矣。"久之，复以示著。著曰："功已至矣，非臣所能及。"

《宋史·王著传》称其"善于规益[2]"，其规益盖源方慎之性邪？

① 洞臻精妙：精妙入神。

② 规益：规劝补益。

俭　素

《左传》云："夫有尤物，足以移人，苟非德义，则必有祸。"棒之喝之，励之远之，大义临之，岂非必需？《宋史·赵仲湜传》云：

> （仲湜）性酷嗜珊瑚，每把玩不去手，大者一株至以数百千售之。高宗尝问坠地则何如，仲湜对曰："碎矣。"帝曰："以民膏血易无用之物，朕所不忍。"仲湜惭不能对。

俭素有迹，起意有因。有简有俭，有廉有能，有义有忠，光华自显，清气自溢。《梁书》所记三人之事可证。

其一周舍事：

> （舍）性俭素，衣服器用，居处床席，如布衣之贫者。每入官府，虽广厦华堂，闺阁重邃，舍居之则尘埃满积。以荻为鄣，坏亦不营。

王亮（按，王亮于舍有知遇之恩）得罪归家，故人莫有至者，舍独敦恩旧，及卒，身营殡葬，时人称之。①

其平素似猥，处变有节，卓然超迈，不蹈流俗。
其二萧琛事：

（琛）遗令诸子，与妻同坟异藏，祭以蔬菜，葬日止车十乘，事存率素②。乘舆③临哭甚哀。

郡（按，即吴兴郡）有项羽庙，土民名为“愤王”，甚有灵验，遂于郡厅事安施床幕为神座，公私请祷，前后二千石皆于厅拜祠，而避居他室。琛（按，时为吴兴太守）至，徙神还庙，处之不疑。又禁杀牛解祀，以脯代肉。④

其后事可叹，其前事亦可观，其动止有方，无如之何。
其三明山宾事：

山宾性笃实，家中尝乏用，货所乘牛。既售受钱，乃谓买主曰：“此牛经患漏蹄，治差已久，恐后脱发，无容不相

① 姚思廉：《梁书》卷二十五《周舍传》。
② 率素：简朴。
③ 乘舆：皇帝乘坐的车子，借指帝王，此处指南梁武帝萧衍。
④ 姚思廉：《梁书》卷二十六《萧琛传》。

语。”买主遽追取钱。处士阮孝绪闻之，叹曰：“此言足使还淳反朴，激薄停浇①矣。”

初，山宾在州，所部平陆县不稔②，启出仓米以赡人，后刺史检州曹，失簿书，以山宾为耗阙，有司追责，籍其宅入官，山宾默不自理，更市地造宅。③

其“不当言”而言，其“当言”而不言，含幽吐芳，处若赤子。

俭素有根，枝叶有赖，吸日月光华，撑婆娑华盖，避人于风雨。《宋史》所记三人之事可证。

其一杜镐事：

（镐）所居僻陋，仅庇风雨，处之二十载，不迁徙。燕居④暇日，多挈醪馔⑤以待宾友。

士大夫有所著撰，多访（镐）以古事，虽晚辈、卑品请益，应答无倦。年逾五十，犹日治经史数十卷。（镐）或寓直馆中，四鼓则起诵《春秋》。⑥

---

① 激薄停浇：遏制浇薄的社会风气。

② 稔：丰收。

③ 姚思廉：《梁书》卷二十七《明山宾传》。

④ 燕居：闲居。

⑤ 醪馔：酒宴。

⑥ 脱脱等：《宋史》二百九十六《杜镐传》。

其似为酒徒，而实有懿行。

其二郭劝事：

劝性廉俭，居无长物。尝谓诸子曰："颜鲁公（按，即颜真卿）云，'生得五品服章绂，任子为斋郎，足矣'。"及再为侍读，曰："吾起诸生，志不过郡守，今年七十，列侍从，可以归矣。"遂用元日拜章，三上不得谢，赐银使市田宅。

卫士有相恶者，阴置刃衣箧中，从勾当皇城司杨景宗入禁门，既而为阍者所得，景宗辄隐不以闻。劝请先治景宗罪，章再上，不听，又廷争累日，卒贬景宗。①

其进退裕如，进为本色。

其三刘夔事：

（夔）不治财产，所收私田有余谷，则以振乡里贫人。前死数日，自作遗表，以禄赐所余分亲族。

河北大水，民流入京东为盗，诏增京东守备。帝（按，即赵祯，宋仁宗）问谁可守郓者，宰相以夔对，进给事中、枢密直学士以往。至郓，发廪振饥，民赖全活者甚众，盗贼衰息，赐书褒谕。②

---

① 脱脱等：《宋史》二百九十七《郭劝传》。

② 脱脱等：《宋史》二百九十八《刘夔传》。

裴侠像

其悲悯情怀，一以贯之。

于此可见，俭素是生活，是情怀，是道义。人无俭素，则无以为继，褒之崇之，理所应当。《北史·裴侠传》称裴侠“躬履俭素，爱人如子”，并云：

> 侠尝与诸牧守俱谒周文（按，即宇文泰，北周文帝），周文命侠别立，谓诸牧守曰：“裴侠清慎奉公，为天下之最。”令众中有如侠者，可与之俱立。众皆默然，无敢应者。周文乃厚赐侠，朝野服焉，号为“独立使君”。

附录一

母亲抓药记

“写写你吧。”我说。

“就写我抓药的事。”母亲笑了。

我很诧异。很少交流，很多冷战，温馨已经不在。为此我时常喝中药，治一治肝气郁结。

母亲笑了，我差点儿哭了。有时同她说话，她会沉默不语，最多眼睛看过来，并没有表情。小脑萎缩几年了，拉到裤里，尿到裤里，走路要扶，吃喝得喂，这对于她，已是常态。

过去的事很多，为什么要写抓药？

我七岁时，从村里人口中得到一个消息，母亲得肝炎了。拉犁、浇地、挖河、运粪，种庄稼，收庄稼，常年重体力劳动，她要垮掉了。得病后，她拒绝看村医，也拒绝去公社医院，坚持要去县城看病抓药。此后的几年，她骑自行车往返，每每回来时，天都黑了。这时，四个孩子就趴在窗前，往大门口看，有些怕，也有些期待。天黑了是想娘了，天没黑时则惦记好吃的。

县城离家三十多里，四个孩子都没去过。一个星期天，安抚好哥哥后，母亲骑自行车，让我和弟弟妹妹跟着，一起去县城抓药。我坐前梁，妹妹和弟弟则坐在后座。她跃上自行车时，后面的弟弟妹妹要把头低下去。两边的庄稼开始后移，心中的县城越来越近。回来的路上，母亲骑得快，风从耳边刮过，药挂在车把，果子也挂在车把，一路颠簸着。

一次，母亲去抓药，只让我跟着。我胳膊上长了脓包，总也好不了，当然，我并不希望它好，长包的日子，我一直没去上学。为拖延时间，我还把打过药的棉花叶往脓包上抹。这次回来，天也黑了，但母亲骑得慢，我胳膊上的绷带，在月色下泛着白光。到家了，她把我抱下来，问还疼吗？一点儿都不疼了，但我哭了。

“老二还能熬药！”村里人夸我时，母亲笑了。但我在想：自己不仅能熬药，还会泡药和晒药渣呢。药渣晒干后，母亲将它捣细了，用来装枕头。

两年后，母亲的肝炎病好了，家里从队上分到的东西越来越少了。到分地的时候，远在外地的父亲坚持让我们过去。从此，河北的家没了，山东的一个小县城接纳了我们。在这里，她有了心脏病，时常喝中药，每次都是自己去抓。

我要从县城到省城工作了，父亲知道后却说不去，倒是母亲给面子过来了。在省城，她又添了肺病，咳嗽得厉害。劝她吃西药，但她自作主张，在丹参、丹灯之外，加了百合固金丸，更多的时候，还是坚持喝中药。

母亲去抓药，坚持要坐公交车。拗不过她，我陪着去了一趟。

第二次她坚持自己去，回来时竟也没坐错车。以后熟了，我也就放心了。每次的药渣，她还是留着，还是往枕头里放。

感觉常是错觉。父亲走后，我一直以为，母亲是没问题的。但就在父亲走后，她的身体开始不行了，手抖得厉害起来，头脑的反应也变得迟钝，走路慢了，走不远了，甚至连楼都下不了了。给她洗脚时，斜成三十多度角的大脚趾，总是让人感到别扭。我时常把大夫请到家里，号脉开方后，她就催我去抓药。

每次把代煎的药拿回来，母亲总是问怎么没熬啊，那些药渣呢？她确实是老了，那个带三个孩子骑车去抓药的母亲，去哪里了？有时晚上醒来，我枕头上的药香味儿还在，但我知道，抱我下车的母亲却不在了。

附录二

父亲的茶缸

小时候，总能看见父亲沏茶。一把茶叶抓出来，纸袋似乎就瘪下去一点儿。水冲下去，茶缸升腾起热气，于是，满缸子茶叶飘散开，满屋子茶香也飘散开。

父亲做的是翻砂工，他去上班，飘着茶香的茶缸也会跟他到车间去。干翻砂是常年蹲着的，他腾挪移转，茶缸就在地上，也会被挪来移去。

父亲回家，茶缸也就回来了。有时，我会好奇地凑上去，看看茶缸里的茶叶，闻一闻里面的味道。失望随之而来，茶叶没有了形状，也没有了香气。

母亲有病，已经干不了重活。无奈之下，她带着四个孩子，从河北农村老家来到了父亲的身边。父亲是山东一个县城机械厂的工人，每年都会得劳动模范。这以后，他一个人的工资就有了六个人的花销。

母亲操持家务，还弄了台挂面机，在家压挂面卖。日子虽然紧巴，但她总能把父亲的烟酒茶钱给省出来。

1985年，知道我考上了大学，父亲喜极而泣。那个晚上，他一个人默默喝酒，喝得很多。第二天早上，我闻了闻那只茶缸，竟然还有茉莉花的香气。

茉莉花茶，父亲喝到了退休。为了贴补家用，他在街上支摊儿，来料加工，一个月有几千元，比他的退休金还多。那些废旧铝料熔化后，被送进模孔中旅行，不一会儿，蒸锅、炒勺、篦子，和变戏法一样，就出来了。那时，每天陪伴他的，少不了那只茶缸。

家里有了椅子，也有了沙发，但父亲仍习惯蹲着吃饭，腰一天天弯下去了。突然有一天，他脑中风，出血点靠近了脑干。手术后，理疗、针灸、喝中药，用尽了办法，他还是不能说话，拄拐也只能挪几步。最后的几年，他就一直卧床了。

我会时常给父亲泡茶喝，乌龙、红茶、普洱……但他总是不自觉皱眉。只有当茉莉花茶端过去时，他的脸上才有笑意，认真喝上几口。

那是个十月份，在秋的季节，在一个温暖的晚上，父亲走了，他刚刚八十虚岁。现在，这只白色搪瓷茶缸还在，在我的心里，它还是那么宽广高深。有时我会探下身去，细细看，细细闻，幽幽之中，茉莉花茶的香气似乎还在！

后 记

太阳再次升起，天又亮了。在和古人的相会中，我再次醒来。

二十年读史，时断时续，时思时记，亦时吁时叹，恍若隔世。

我和母亲，住在同一栋楼同一个单元，她在五楼，我在三楼。父亲卧床十几年走后，母亲不能自理，又有六七年了。言孝何易？时常迁怒于她，亦时常悔过于己。

前路坎坷，但我奔跑不停歇。这一路，历史是最好的教科书，也是人生的指南针。

不动笔墨不看书。这二十年，我是在和史书的摩肩接踵中度过的，每一时刻，我都得拿起笔来，才能看下书去。

史书不尽确切，但那里面传递出的沉郁、激愤、顿挫、昂扬以及观照、关怀，无疑都是真切、深刻的。那些来不及铺垫的直笔，如同急风骤雨，带给我冲击与洗礼。

我愿重申，那些新鲜而美好的语句，时刻吸引着我，令我目不暇接，如同初来世间的婴儿打量眼前的世界。

我愿把这本小书献给父亲，尽管他已远行。我愿把这本小书献给母亲，尽管她还是经常“气”我。

在临近出版的日子，我由衷感谢朋友们的鼓励、帮助、支持乃至批评。首先要感谢的，是山东出版传媒股份公司前副总经理、山东音像出版社老社长吕美亮先生，由于他的鼎力推荐，本人的这部处女作才得以落户齐鲁书社。齐鲁书社总编辑傅光中先生对此书提出了宝贵的补充和修改建议，书稿复审向群博士为本书的高质量出版做了点石成金的工作。他们的工作，使此书以更加丰赡的内容、别开生面的形式来到读者面前。这既是作者的福分，也是读者的福分。借此机会，特向齐鲁书社的诸位朋友表示诚挚的谢意！

张延庆

2022 年 12 月 1 日于泉城寓所